이상한 팀장
밑에서
성공하는 법

Original German language edition:
Caspar Fröhlich
Manage your boss
Die Kunst, den Chef mit Eleganz zu führen.
1. Auflage (ISBN: 978-3-648-09197-5) published by Haufe-Lexware GmbH & Co. KG
Freiburg, Germany. Copyright ⓒ 2018.
All rights reserved.
Illustration ⓒ Nadine Roßa

Korean Translation copyright ⓒ 2021, Golden Time.
The Korean edition was published by arrangement with Haufe-Lexware GmbH & Co. KG
through Literary Agency Greenbook, Seoul.

평사원에게 꼭 필요한
직장 생활의 기술

이상한 팀장 밑에서 성공하는 법

카스파르 프뢸리히 지음 | **류동수** 옮김

황금시간

추천사

~~~~~~

　저자 카스파르 프뢸리히는 이 책에서 경영 관리라는 주제를 '관리 대상자'의 시각에서 새로 구성하는 데에 성공했다. 한 사람의 영웅적 경영자가 기업을 주도하는 시대는 이제 지났다. 이런 시대에는 어떻게 경영 관리를 해야 하는가? 저자는 이를 위한 시의적절한 '현실 점검' 기회를 제공하고 있으며, 어떻게 하면 관리자와 피관리자 양쪽을 다 피곤하게 만드는 사건에서 벗어날 수 있는지 그 길을 제시한다. 그는 직장 상사라는 현상을 아주 노골적으로, 그러면서도 매력적으로 기술한다. 여기서 당사자 두 사람이 나누는 대화는 하나의 출발점으로, 이를 통해 우리는 직장 부서장과 소속 직원간의 관계에 이따금 있을 수도 있는 심연을 들여다볼 수 있다.

저자는 구체적 만남에서부터 출발하여 처음에는 성찰 모드로, 그다음에는 행동 모드로 우리를 매끄럽게 이끌어 간다. 그러면서 여러 새로운 시각을 갖도록 아주 의도적으로 유도한다. 당사자 자신의 상황에 대한 성찰뿐만 아니라 때로는 저자의 글에 대한 격렬하기까지 한 여러 감정적 반응까지도 끄집어내는 것이다. 그의 글은 사람들에게 더 가까이, 더 깊이, 직업적인 것에서부터 너무나 인간적인 부분으로까지 다가간다.

이 책은 직장 초년생에게만 유용한 정보를 담고 있는 것이 아니다. 관리자 직급도 이 책에 담긴 내용을 가슴 깊이 받아들일 필요가 있으며, 어쩌면 몇몇 장은(예컨대 어떻게 하면 직원들이 부서장인 자신을 더 인간적으로 받아들일 수 있을까를 궁금해하는 사람이라면) 필요할 때마다 정보를 얻기 위해 수차례 뒤적여야 할 것이다.

이 책은 영감을 주고, 진면목을 밝혀내며, 사람의 마음을 뒤흔들어 놓고, 우스꽝스럽기도 한 여러 일화를 담고 있다. 그러나 책의 가치를 더욱 높여 주는 것은 성찰을 유발하는 여러 질문과 구체적 조언이다. 저자 카스파르 프뢸리히가 제공하는 다양한 힌트는 관리 대상인 직원용이기는 하지만, 간접적으로는 부서장에게도 필독 자료다.

부서장들이 자기만의 관리 스타일에서 빠져나오지 못할 이유는 없다는 것도 내가 이 책을 보고 내린 결론이다. 저자 카스파르 프뢸리히는 부서장과 직원이라는 긴장 영역에서 인간관계를 다루는 일이(상황이 악화되는 경우까지 포함하여) 어떤 모습일 수 있는지를 보여준다. 그런 이유로 이 책을 읽는 것은 유익할 뿐 아니라 재미있기까지 하다.

스위스 장크트갈렌대학교 교수 **마르틴 제이 에플러**

차례

제1장   상사의 생각과 행동 읽기

제6장 그 외에 주의해야 할 일

직장 초년생에게 주는 열 가지 조언

머리말

~~~~~~

> *"여러분의 행동에 사람들이 영감을 받아 더 많이 꿈꾸고,*
> *더 많이 배우고, 더 많이 행동하고, 더 크게 된다면*
> *여러분은 리더입니다."*
>
> **존 퀸시 애덤스**(미국 제6대 대통령)

직장 생활을 처음 시작하는 순간은 짜릿하다. 마침내 그 기나긴 학창시절이, 배우고 열심히 공부하며 시험 치르던 시절이 지나가고, 취업의 길까지 놓인 많고 많은 장애물을 성공적으로 넘어선 끝에 이제 흥미롭고도 결코 만만찮은 새로운 영역에 들어선 것이다. 가능성, 모험, 새로 만나는 사람들 그리고 그에 따른 기대와 희망으로 가득 찬 세상이다.

동시에 직장 생활의 시작은 불안과 무지의 시간이자 자신이 선택한 곳의 기업문화에 적응해야 하는 순간이기도 하다. 그렇다 보니 회사의 규칙, 요구사항 및 비공식적 구조는 경우에 따라 한참 시간이 지난 뒤에야 비로소 분명하게 보이기도 한다. 자신이 낯선 동네에 새로 이사 온 사람 같다. 말하자면 '뉴 키드 온 더 블록'이다. 자신이 서 있는 자리가 어딘지 파악해야 하고 많은 걸 배워야 하는 동네 꼬마인 것이다.

이들은 대개 직무 내용에 집중하고, 그 시스템에 자신을 가장 잘 끼워 맞추려 하며, 너무 도드라지게 눈에 띠려 하지도 않지만 너무 주목받지 못하는 것도 원하지 않는다. 고문관이라거나 꼴통이라는 낙인이 찍히면 안 되니까. 그 외에도 옷은 어떻게 입어야 하며, 누가 누구랑 점심 먹으러 가는지 또는 좀 까다로운 이야기는 어떻게 꺼내면 좋은지 등등의 아주 뻔한 궁금증으로 골머리를 썩인다.

당연한 말이지만, 이 시기는 이겨내기가 만만치 않고, 사람을 기죽게 하며, 스트레스로 작용할 수 있다. 독일 하노버에 소재한 HIS 연구소의 조사도 이를 입증해 주었다. 〈슈피겔 온라인〉 2010년 6월 29일자에 실렸다시피, 예를 들면 '설문에 응한 신규 취업자의 절반 정도가 이 시기를 버겁게 느낀다'는 것이다.

우리는 이 결과가 맞는지 실제로 확인하기 위해 신입 사원 세 명과 대화를 나누어 보았다. 26세 여성 나탈리 메켈 씨는 대형 제약업체의 제품 매니저로 두 달째 근무 중이었다. 그녀가 특별히 힘겹다고 여긴 것은 윗사람들의 기대치가 어느 정도인지를 짐작하는 일이었다. 그런 걸 전혀 표현하지 않는 경우가 종종 있었기 때문이다. 외부와 소통하는 업무에도 일단 적응해야 했다.

페터 슈타인마이어 씨의 경우는 상황이 달랐다. 구직 과정에 운이 따랐는지 졸업하자마자 한 광고회사에서 꿈꾸던 일자리를 꿰찰

수 있었다. 우리와 대화를 한 시점에 그는 2년째 그 회사에 근무 중이었는데, 이름난 어느 비정부기구(NGO)에게서 의뢰받은 캠페인을 막 제작하고 있었다. 흔히들 전공 지식이 가장 중요하다고 말하지만 그는 '그런 관념을 떨쳐버려야 한다'고 여겼다. 그는 이렇게 말했다. "전공 지식은 황금에 비유할 수 있습니다. 중요한 것은 그 황금을 회사 직원, 같은 부서 동료 또는 상급자와 편하게 공유해 회사를 위한 최대의 부가가치를 창출해 내는 일입니다. 갖고 있는 것은 황금이지만 이것으로 작은 다이아몬드가 박힌 멋진 반지를 만들어 낼 수도 있죠. 이런 게 전공 지식과 소프트 기술의 조합인데요, 저는 이런 부분이 신입 사원에게는 장애물이라고 봅니다. 그들은 자기 전공 지식에만 너무 많이 의지하거든요."

스포츠용품 제조업체에서 '기업의 사회적 책임' 프로그램 교육생으로 1년째 근무 중인 야니네 바우크네히트 씨는 '자신을 상품화하는 일'이 힘들었다고 한다. "제가 달성한 업무 성과를 과장해서 떠들어야 합니다. 다른 사람들에게 확신을 심어 줄 수 있도록요. 하지만 제가 볼 때 그건 멍청한 짓입니다. 사람은 그냥 자기 자신일 수 있어야 한다고 생각하거든요. 본디 모습과 다르게 꾸며 사람을 현혹하는 건 좋아하지 않아요. 나중에 본모습이 다 드러나니까요."

이 책은 나탈리, 페터 그리고 야니네처럼 대학이나 고등학교 또는 직업 교육 과정을 마친 뒤 직업 세계라는 거대한 모험 속에 들어가 첫 발걸음을 내딛은 직장 초년생에게 초점이 맞추어져 있다. 그들은 회사가 요구하는 바도 크지만 자신들이 져야 할 책임도 막중하다는 것을 알아차렸다. 완전히 새로운 사회 환경과 맞닥뜨리며, 회사 내에서 자신이 설 자리를 확보해야 한다. 나란히 달리는 이 두 가지 도전을 이루어 내기가 그리 간단하지는 않다.

이 책 《이상한 팀장 밑에서 성공하는 법》에는 이야기 형태로 된 조언이 뷔페처럼 풍성하게 차려져 있다. 특히 중요하게 다루는 내용은 윗사람과의 관계다. 전공 지식을 더 많이 갖고 있는 것이 중요한 게 아니다. 어떻게 해야 다양한 이해관계자들과 실질적인 방식으로 네트워크를 구축하고, 인연을 맺고, 선을 긋고, 예스나 노라고 말할 수 있는가가 관건이다. 예를 들면 화를 벌컥벌컥 내는 다혈질의 까다로운 상사와 어떻게 지낼 것인가가 중요하다는 말이다. 여러분을 격려하고 기운 북돋아 줄 여러 조언을 50개가 넘는 재미난 이야기 형태로 포장해 두었으니 누구든 그 정수를 꺼내갈 수 있다.

이 책은 "이렇게 해야 한다. 그래야 성공한다"라는 식으로 조언하는 책이 결코 아니며, "이야기 속에서 여러분 자신을 되돌아보고 자신만의 결론을 도출하라"라고 외친다. 무엇을 만나게 될지는 스스로 고를 수 없지만, 그런 만남에 어떻게 반응할지는 의식적으로 선택할 수 있다는 말이다. 얼핏 보면 '상사 관리'를 이야기하는 부분은 놀라울 수 있다. 일반적으로 윗사람이 부하 직원들을 리드하고, 그 반대는 아니라고 생각하기 때문이다. 그러나 이 책은 부하 직원들에게 엄청나게 큰 행동 여지가 있는데 그걸 좀처럼 이용하지 못하고 있다는 점을 일깨운다. 이 논지는 특히 신입 사원 시절에 유효하다.

책을 읽다가 어디든 원하는 곳에서 멈추어도 괜찮다. 순간적으로 여러분의 흥미를 끄는 이야기가 나오면 거기에 머물러도 좋다. 별 이야깃거리가 안 되는 주제라면 그냥 페이지를 계속 넘기시라. 목차를 쑥 훑어보다가 눈길을 끄는 제목이 있으면 그걸 읽어도 된다.

이 책은 네 파트로 이루어져 있다. 머리말, 짧은 이야기들, 직장 초년생에게 주는 열 가지 조언, 찾아볼 만한 블로그와 자료 및 참고 문헌을 담은 부록이 그것이다.

'머리말'에는 여러분이 이 책에서 기대하는 것들을 개괄적으로 제시해 놓았다. 뒤이어 나오는 짧은 이야기들은 다음 여섯 개의 주제로 나뉜다.

☆ 상사의 생각과 행동 읽기

☆ 상사에게 영향을 주는 방법

☆ 비판에 어떻게 대응할 것인가

☆ 어떻게 하면 내가 원하는 걸 얻어 낼까

☆ 프로처럼 행동하라

☆ 그 외에 주의해야 할 일

최고경영자의 코치로 성공한 나의 개인적 직업적 경험으로부터 제대로 도움을 받고 싶다면 '직장 초년생에게 주는 열 가지 조언'을 철저하게 파고들기 바란다. 거기에 여러분을 앞지르기 차선으로 인도해 줄 응축된 노하우가 들어 있다. 이 조언들을 통해 여러분은 자기 삶을 스스로 장악할 수 있게 될 것이다. 힘들다 싶은 모든 상황 속에는 하나의 선택지가 들어 있음을 알아차릴 것이다. 여러분이 어떤 결정을 내릴지는 결국 단 하나의 질문에 달려 있다. '나는 세상의 희생자인가, 아니면 내가 세상이기도 한가?'

책 말미에는 짜릿한 블로그, 눈을 열어주는 테드(TED) 토크, 아주 인상 깊은 '대학 졸업식 격려사' 등 맛난 것들의 목록이 있다. 그 격려사에는 메릴 스트립, 제프 베이조스, 스티브 잡스, J.K. 롤링 같은 유명인사의 삶의 지혜가 세세하게 담겨 있다. 그뿐 아니라 이 책에서 언급되는 모든 책의 목록도 들어 있으니, 공감되는 주제가 있으면 더 깊이 파고들어 가보기 바란다.

이제 웃음을 감돌게 하는 여러 재미난 일화를 즐기면서, 부분적으로 전통적 사고를 폭파해 버리기도 하는 여러 혁신적인 해법으로부터 영감을 받아 보길 바란다. 그리고 흥미로운 아이디어들이 자신에게 유익한지를 일상 속에서 테스트해 보기 바란다. 이 책은 스스로를 실질적으로 성찰하게 하는 흔치 않은 기회를 제공해 줄 것이다.

2017년 10월 스위스 취리히에서
카스파르 프뢸리히

제1장

상사의 생각과
행동 읽기

상사는
어떻게 생각하고   행동하는가

이제 상사가 어떻게 생각하고 행동하는지에 대해 알아보자. 이 장에서는 윗사람들의 전형적인 행동 방식을 간략히 살펴보고 분석할 것이다. 하지만 모든 상급자가 다 똑같이 행동하지는 않는다. 몇몇은 부하 직원들과 친밀하게 지내려는 반면 어떤 이들은 오히려 한발 뒤로 빠져서 지시하는 것을 더 좋아한다. 일부는 회의 때의 상호 교류를 선호하는 반면 이메일을 통해 의사소통하는 것을 선호하는 이들도 있다. 인간으로서의 윗사람을 관찰해 그의 욕구를 받아들이라.

상급자가 선호하는 방식과는 별개로, 상급자를 존중하고 여러분이 그를 완전히 좌우할 수는 없음을 깨닫는 것은 도움이 된다. 그는 게임의 규칙을 제시하는 자이며, 상급자는 그냥 한마디로 상급자일 수밖에 없다! 2번 글에서도 읽을 수 있지만, 결국 누구에게든 자기에게 합당한 윗사람이 있는 법이다.

상사를
상사로 만들어 주는 것

얼마 전 나는 20명 정도의 사람들과 대화를 나누었다. 어느 금융기업 임원진 워크숍에서였다. 설산 융프라우의 거대한 몸체가 두 눈가득 들어오는 더할 나위 없이 안락한 환경 속에서였으니, 그야말로품격에 딱 어울렸다고나 할까.

대화의 주제는 리더십, 그리고 리더를 리더로 만들어 주는 대표적 요인이 무엇인가였다. 첫 번째 발언자는, "저는 관리자와 리더는서로 다르다고 봅니다"라고 말했다. 두 번째 발언자는 "말리크 씨와 같은 생각입니다. 리더는 앞에서 이끌고, 성과를 내고, 인생도 살아야 합니다"라고 덧붙였다. 세 번째 발언자는 "리더십이란 배울 수있는 게 아니라, 타고나거나 그렇지 않거나 둘 중 하나죠"라고 보충

했다. 이 회사 사람들이 제 나름대로 믿고 있으며 내재화한 여러 개인적 의견, 관점 및 신념 체계들이 이런 식으로 표출되었다.

몇몇 참석자는 분분한 의견을 못마땅해했다. "만약 우리 회사 직원들이 지금 우리가 나누는 대화를 들으면 우리를 어떻게 생각하겠습니까? 너무 혼란스러운 거 아닌가요. 우리에게 필요한 것은 하나의 통일된 견해입니다"라며 한 사람이 단호하게 맞받아쳤다. 누군가가 참석자들을 향해 "그렇습니다. 리더십에 대한 공통의 이해 같은 거죠"라고 고개를 끄덕이게 할 정도의 열정을 담아 외쳤다. 오랜 근무경력을 지닌 한 여성은 무덤덤하게 이렇게 말했다. "그건 당시 뷔르거슈토크산에서 개최된 그 전설적인 임원진 워크숍에서 이미 나온 말입니다. 그런데 오늘 여기서 또 그 얘기를 해야 할지, 누구 더 아는 사람 있어요?"

열이 오른 그 여성은 아무런 주저 없이 차트 곁으로 가더니, 그 위에다 다음과 같이 썼다. '내가 볼 때 훌륭한 리더는 OOO 하는 사람이다.' 이 목록은 순식간에 채워졌다. 그 결과는 아래와 같았다.

★ 나에게, 그리고 다른 사람에게 영감을 불어넣어 준다.
★ 자신이 어디로 가려는지를 알아 그 방향으로 움직이며 자기 사람들을 함께 데리고 간다.
★ 분명한 전략과 미래 전망을 지닌 롤 모델이다.

☆ 나로서는 믿고 어디든 따라갈 수 있는 그런 인물이다.

☆ 책임을 진다.

☆ 우리 조직 내 변화를 주도한다.

☆ 말만 하는 게 아니라 스스로도 철저히 윤리적이고 믿을 만한 행동을 날마다 새롭게 보여 준다.

☆ 카리스마를 갖고 기운을 북돋아 주며 우리의 여정이 어디로 이어질지를 알려 준다.

☆ 장기적으로 성공을 거둘 수 있도록 올바른 사업전략을 결정한다.

☆ 자기 사람들을 격려, 고무하고 권한을 부여한다.

☆ 성공은 자기 팀과 함께 이룬다.

☆ 진정성이 있고 흠잡을 데 없이 반듯하다.

☆ 자기만의 의제를 갖고 있으며 이를 실천에 옮긴다.

☆ 모든 이들로부터 존중받는다.

셋째 페이지가 다 채워지자 열기가 좀 잦아들었다. 누군가가 그 긴 목록을 파워포인트 파일로 옮겼고, 모든 참가자에게 나눠 줄 것이다.

이런 식으로 뭔가를 하나로 종합하려는 시도는 처음부터 끝까지 시간 낭비다. 무엇 때문에 그렇게 한단 말인가? 뻔하지 않은가? 특정 문화 영역 안에 있는 조직 구성원에게 '훌륭한 리더십'이 어떤 것인지 물어본다면 대답은 거의 차이가 없다. '훌륭한 리더십' 같이 복잡한 명제에 대해 하나의 조직이 통일된 견해를 지녀야 한다는 생각은 순진하다. 차이란 늘 존재하는 법이다. 그건 그대로 괜찮다. 문제는 이 차이들을 어떻게 다루어서 잘 써먹을까, 그리하여 파괴적으로 작용하는 것이 아니라 조직의 목표 달성에 쓸모가 있도록 할까 고민하는 일이다.

리더십의 수준을 높이고 싶다면 부족한 점이 무엇인지를 확인해야 한다. 그리고 그 부족함을 채우는 일에 각 개인이 어떻게 기여할 수 있는지를 다 함께 결정해야 한다.

'훌륭한 리더'란 어떤 사람인지 묻는다면, 나는 다음과 같은 관찰 가능한 행동 방식을 강조할 것이다. 리더란

★ 고맙다고 말한다.

★ 피드백을 적극적으로 받아들인다.

★ 업무를 잘 수행하거나, 좋은 결과를 낳는 행동 방식을 지나치다 싶을 정도로 칭찬한다.

★ 자기가 더 배워야 할 분야들을 언급하고, 그것에 대해 터놓고 이야기할 수 있다.

★ 유머를 보인다. 가끔 자신을 웃음거리로 삼기도 한다.

★ 실수를 하면 그 실수에 대해 이야기하고, 사과한다.

★ 중요한 일들에 대해서는 물러남이 없으며 정기적으로 계속 조사해 보완한다.

리더십이란 우리가 눈으로 관찰할 수 있는 행동 방식으로, 직위나 직급과는 결부되어 있지 않다. 출세가도를 달리려 한다면 여러분도 오늘부터 시작해 보라. 그리고 여러분의 동료나 상급자에게 감사하라.

나는 미국 제6대 대통령 존 퀸시 애덤스가 내린 리더에 대한 정의가 개인적으로 특히 마음에 든다. '머리말' 서두에도 나와 있다시피 다음과 같다.

"여러분의 행동에 사람들이 영감을 받아 더 많이 꿈꾸고, 더 많이 배우고, 더 많이 행동하고, 더 크게 된다면 여러분은 리더입니다."

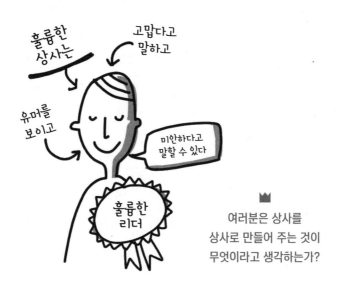

여러분은 상사를
상사로 만들어 주는 것이
무엇이라고 생각하는가?

누구나 제 깜냥에 맞는
상사를 만난다

나는 최근 스위스 동부 어느 곳에서 개최된 행사에 참석했다. 그곳에는 다수의 고위관리자 및 그런 직위에 오르려는 사람들이 와 있었다. 우리는 함께 다수의 기조강연에 귀 기울였다. 한결같이 재미나고 유익하며 때로 독창적이었다. 강연 내용이 몽땅 뻔히 예상할 만한 것들은 아니었다는 뜻이다. 우리는 여러 강연장을 돌아다녔고 쉬는 시간을 이용해 커피를 마시고 스마트폰으로 최신 소식을 보기도 했다. 이 모임에 참석하게 된 것은 행운이었다.

그러다 나는 입식 탁자 곁에서 자기주장도 강하고 두뇌 회전도 빠른 한 참석자와 대화를 나누었다. 나중에 보니 그는 스위스의 어느 기계 제조업체 회장이었다. 그 회사 제품이 봉제기계였는지, 주방용 기계였는지 아니면 커피추출기였는지는 잘 모르겠다. 어쨌든 우리는 당시 현안이던 유로화 환율, 상장기업 임원에 대한 과다보수 금지(스위스의 토마스 민더 의원이 2008년 발의한 법안으로, 경영진에 대한 과도한 보수 지급에 대해 매년 주주 투표를 통해 허가받도록 하는 내용을 담고 있다. 이 법안은 2013년 3월 국민투표를 통해 가결되었다. 스위스에서는 이를 압초커압슈팀뭉(abzockerabstimmung), 즉 '돈 빼돌리는 자에 대한 투표'라고 불렀는데, 최고경영자 등에 대한 과도한 보수 지급은 곧 회삿돈 빼돌리기라는 국민적 합의가 있음을 의미한다-옮긴이) 및 대량이민 방지법(유럽연합의 일원이 아닌 스위스는 유럽연합과 거주이전의 자유를 허용하는 조약을 체결했으나, 2014년 국민투표를 통해 스위스로 취업 이민할 수 있는 유럽연합 시민권자의 숫자를 제한하기로 했다-옮긴이) 관련 국민투표, 그리고 요즘 상사는 상사도 아니라는 걸 주제로 수다를 떨었다. 그리하여 우리는 자연스럽게 리더십이라는 주제에 이르게 되었다.

수십 년에 걸쳐 성공의 사다리를 올라 최고위직에 이른 기업인들과 이야기를 나눌 때면 늘 그랬던 것처럼, 나는 그에게 일단 존경의 말을 건넨 뒤 수많은 다양한 상사를 견뎌 낸 그만의 비결이 도대체 무엇이었는지를 물어보았다. 회장은 마치 이 질문이 나오기만을 학수고대하기라도 한 듯 상체를 약간 뒤로 젖힌 채 낭랑한 목소리로, 그냥 인쇄해도 될 정도로 분명한 문장으로, 상급자의 공식을 다음과 같이 알려 주었다.

☆ 상사는 상사일 뿐 다른 그 어떤 사람도 아니다. 결단을 내리는 대가로, 그리고 이상적인 경우가 되겠지만 뭔가 실패로 돌아갔을 때 그것에 대해 책임지는 대가로 월급을 받는 사람이다.

☆ 상사는 엄마나 아버지가 아니다. 무슨 말인가 하면 직원의 안녕을 최우선적으로 신경 쓰는 사람이 아니라는 것이다.

☆ 상사도 인간이다. 나름의 독특함과 선호하는 바가 있으며 타인의 평가와 인정을 받고자 하는 욕망을 가진 사람이다.

우와, 이렇게나 명징할 수 있는가. 나는 다시 이렇게 물었다. "그런데 이게 구체적으로 무슨 뜻이죠? 회장님도 항상 사다리의 맨 위에만 있지는 않으셨을 텐데요."

그러자 그는 내게 아주 구체적으로 설명해 주었다. 자신은 자기의 모든 자리를 스스로 선택했으며, 따라서 상사도 자기가 골랐다는 것이다. 그는 거드름을 피우며, 당시에는 여성 상사는 하나도 없었다고 덧붙였다. 그러고는 다음과 같이 말을 이어갔다.

☆ 먼저, 주어진 자기 자리에서 노하우와 인간적 결속 관계를 계속 확대할 수 있는지를 살펴야 하며, 그런 전망이 더는 없다 싶으면 자리를 바꾸어야 한다.

☆ 둘째, 가능하면 스스로 결정을 내리고 상사의 개입을 최소화하는 것이 중요하다.

☆ 셋째, 비판적 피드백을 견딜 수 있을 정도로 든든한 배짱이 있어야 하며 곧장 궁지에 떨어져서는 안 된다. 상사가 직접 해결해야 할 일을 떠맡길 경우

거부의 뜻을 명확히 밝히는 것도 여기에 포함된다. 일을 강하게 밀어붙이는 상사에게는 한두 번쯤 시도해 볼 만하다.

☆ 넷째, 상사를 마치 통곡의 벽인 양 급할 때 안기는 곳으로 써먹어서는 안 되며, 오히려 상사에게 선택지와 해법을 즉각 제공할 수 있어야 한다. 중요한 것은 자신의 입장을 주장하고, 그러면서도 바람의 방향이 바뀔 때 유연하게 대처하는 일이다. 이따금 선물도 하라(매 10주년 생일은 중요하다). 더 나아가 상사의 '소통 스타일에서 겉으로 드러나지 않는 것들'에 유념해야 한다.

도대체 몇 가지를 말했는지도 모를 지경이다. 절반 정도 황홀경에 빠진 채 나는 그 자리에서 질문을 하나 하려 했다. 그가 말한, '소통 스타일에서 겉으로 드러나지 않는 것들'이 무슨 뜻인지 궁금했기 때문이다.

하지만 그 순간 회장은 급하게 달려온 매력적인 대회 진행요원 여성에게서 "여기 계셨군요. 어디 계시나 사방 찾아다녔어요"라는 말과 함께 다시 무대로 가야 한다는 전갈을 받았다. "아시는지 모르겠는데 말이죠"라며 그는 3미터쯤 떨어진 곳에서 "상사는 상사입니다. 누구나 제 깜냥에 맞는 상사를 만나는 법이에요"라고 덧붙였다.

행사 프로그램을 보고서야 그 회장이 다음 기조강연을 할 사람이라는 걸 알았다. 그것도 'Y세대는 리더에게 무엇을 기대하는가'라는 주제로 말이다.

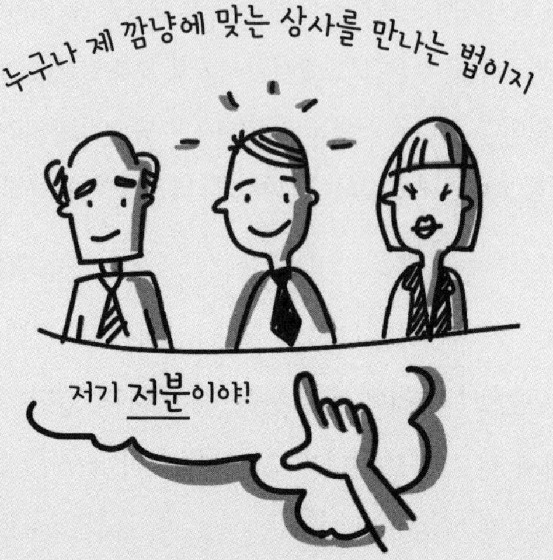

상사와 잘 지내기 위한
여러분의 처방은 무엇인가?

상사로는 남성이 좋을까
여성이 좋을까

젊고 야심 있는 한 여성 관리자가 컨설팅 대화에서 최근 자신이 어떤 목표를 구상하고 있는지 내게 말해 주었다. 그것도 스타카토로 또박또박. 그는 큰 성장세를 보이고 있는 비정부기구를 책임지고 있었는데, 눈앞에 닥친 여러 변화에 대해 상담해 줄 독립적 스파링 파트너 한 명을 구하고 있었다. 불가피한 구조 조정 및 그것이 조직과 소속 직원에게 미칠 수도 있을 영향에 대해, 그리고 그가 구하는 컨설팅 인력에게 무엇을 요구할지에 대해 우리는 함께 논의했다. 전문성과 관련하여 우리가 일반적으로 요구하는 여러 조건, 예를 들면 경험, 직업적 배경, 주변의 평가 등과 더불어 그는 웃으며, 그리고 다소 머뭇거리면서 이렇게 말했다. "그런데 저는 남자분과 이 문제에 대해 상의하고 싶어요." 그리고 잠시 뜸을 들이다가, "여성은 너무 수다스러워서요"라고 덧붙였다.

신뢰할 만한 사람을 하나 구해 최선의 결과를 얻어 내는 것, 그건
당연히 이 여성 관리자의 권리이자 의무이기도 하다. 그리고 나는
개인의 선호를 표현하는 것도 중요하다고 본다. 그런 선호가 정치적
으로 옳지 않은 것으로 보이더라도 말이다. 그럼에도 불구하고 나는
그의 말에 놀랐다. 사회적 고정관념의 크기가 어느 정도인지를 그가
다시 한번 분명히 보여 주었기 때문이다. 내가 성과 관련된 편견을
극복하는 일은 시간문제일 뿐이라고 다소 순진하게 생각했다는 것
이 분명해졌다. 이 사례가 보여주다시피 그런 편견은 비교적 나이든
세대 혹은 남성 세대에 국한된 것이 아니다.

이걸 비난이라고 이해하면 안 된다. 오히려 여러분 스스로 할 수
있는 작은 설문의 출발점이자 그렇게 하라고 초대하는 것으로 보아
야 한다. 나는 이 설문을 리더십 세미나를 진행하면서 늘 반복적으
로 한 번씩 해 본다. 그때 세미나에 참석한 여러 간부들에게 내가 물
어보는 것은, 부하 직원을 지휘할 때 성별에 따라 지휘를 달리하는가
의 여부다. 남녀 가릴 것 없이 부서장의 압도적 다수는 이 질문에 분
명히 그렇다고 대답한다. 또 대다수는 그 차이가 실제로 어떤 식인지
도 기꺼이 설명한다. 그들이 말하는 것은 일반적으로 그렇겠거니 싶
은 양상들이다. 예컨대 남성 직원에게는 직접적, 실무적으로 맞대응
해야 하고, 여성 직원에게는 훨씬 더 공감해 주는 방식으로, 인간관

계 및 심리 상태에 더 주의를 기울이며 대응해야 한다는 것이다.

이 정도는 다들 아는 내용이다. 놀라운 사실은 이 설문에 따르면 보스가 남성인지 여성인지에 따른 차이는 하나도 없다는 점이다. 남성이든 여성이든 상사라면 부하 직원을 성별에 따라 각기 달리 대한다고 진술한다. 이 짤막한 집단설문의 결과가 과학성이나 보편타당성을 갖추고 있다고 주장하는 것은 아니다. 그러나 만약 이런 결과가 여러분이 일하는 분야에서는 의미 없는 고정 관념이라고 생각한다면, 과감하게 테스트해 보기 바란다. 상급자 직위에 있는 남녀 각 두 사람에게, 상사로서 남성 직원 한 사람과 여성 직원 한 사람을 이끌어가는 데에 어느 정도 차이가 있는지를 물어보라는 말이다. 남성이나 여성 동료 직원 한 사람을 잘 부추겨 똑같은 질문을 하라고 해 보라. 그런 다음 그 결과를 서로 나누어 보라.

상황을 정반대로 뒤집어 보면
과연 어떤 모습일까?
부하 직원들은 여성 상사를
남성 상사와 달리 대하는가?
상사가 여성이면 직원들은
그를 달리 대해야 하는가?

꼭대기는
외로워

얼마 전 나는 40대 초반의 사장 한 명과 대화를 나누었다. 건물 모서리에 자리한, 창이 서로 직각으로 맞붙어 있는 그의 집무실은 간결하게 꾸며져 있었다. 바퀴 달린 화이트보드에서 생동감이 느껴졌고, 화이트보드에는 이집트 상형문자가 예술적으로 쓰여 있었다. 나와 대화를 나눈 이는 스마트하고 역동적이며 좋은 옷을 입고 있었다. 취리히 공대에서 탄탄한 교육을 받은 데다 스위스의 여러 블루칩 기업에서 직장 생활을 한 인물이었다. 로잔에 있는 국제경영개발원에서 MBA 학위도 취득했다. 당연히 그는 야심이 컸고, 인상적일 정도로 성과를 낼 태세가 되어 있었으며, 권력 의지도 상당했다. 그런 이력에 걸맞게 그는 이제 힐러리 스텝(에베레스트 정상 직전에 위치한 높이 12미터, 경사 70도에 이르는 암벽. 그러나 2015년 지진으로 크게 주저앉았다. 대개 정상 코앞에 있는 넘기 힘든 장애물을 의미한다-옮긴이)에 서 있었다. 정상이 눈앞이었던 것이다.

그는 그런 환경에서는 좀처럼 보기 힘들 정도로 분명하게, 리더라는 자리가 인간을 어떻게 만드는지를 보여 주었다. 그런 자리는 사람을 외롭게 만든다는 얘기였다. "직무와 관련해서 제게는 이제 더 이상 설득력 있는 피드백이 하나도 오지 않아요. 비판적인 피드백은 말할 필요도 없고요"라고 그는 다소 실망한 듯 이야기했다. "내용 면에서 사업 관련 주제에 대한 피드백이 없다는 말입니다. 또 상사로서의 나의 행동에 대해서도 마찬가지고요. 정말 자신 있게 나와 다른 견해를 내놓는 사람이 없답니다. 그냥 맞추어 주기만 하죠."

나는 필립 브루기서 회장이 떠올랐다. 그는 모험적 지분 인수를 통해 스위스항공을 나락으로 빠트린 CEO였다. 스위스의 거대 은행 크레디스위스의 CEO로 보너스를 두둑하게 챙긴 바 있는 브래디 두건 회장도 떠올랐다. 둘 다 드넓은 경제계에서 이름을 날린 경영관리자였다. 권력의 지위에 있는 사람이 자기 주변에 예스맨을 끌어모으면 재앙은 멀리 있지 않다는 것, 다른 사람들을 체계적으로 제거하거나 목을 치게 된다는 것을 보여 주는 인물들이었다. 스탈린 및 여타의 절대 권력자들도 떠올랐다.

우리 둘 사이에 상호 작용을 일으키는 주제들이 있기라도 한 듯 그 관리자는 갑자기 적막을 깨트리며 이렇게 말했다. "하지만 사실 내가 골몰하는 것은 이 순간의 근본이 되는 일들입니다. 내 경영 활동의 근본적 양상 말입니다."

그는 화이트보드까지 몇 걸음 걸어가 그 상형문자 그림을 지우개로 지워 버린 후 다음과 같은 네 가지 질문을 군더더기 없이 내뱉더니, 그걸 즉시 화이트보드에 적었다.

★ 그렇게 무수한 결단이 한 사람에게 맡겨져 있다는 것이 의미가 있는가?
★ 한 사람이 다른 사람들보다 그렇게나 더 많은 돈을 번다는 것이 의미가 있는가?
★ 그런 한 사람이 그 집단을 위해 어떤 이익을 주거나 기여를 하는가?
★ 그런 한 사람이 안락하고 조화로운 삶을 꾸려 가는 것은 합당한가?

그렇다. 근본적인 질문이다. 리더의 자리에 있는 사람이 이런 문제를 고민한다면 그건 멋진 일이다. 그리고 리더로서의 일상적 활동 속에서 얻어지는 것과는 차별화된 답변을 스스로 발견하는 것은 더욱 멋진 일이다. 그렇게 할 때 직함이나 지위에 상관없이 개인적 권위가 생겨난다. 그리고 이는 리더십 관련 도서의 고전인 로버트 K. 그린리프의 《서번트 리더십 원전》에서도 읽을 수 있는 대목이다. 이 책에서도 리더십의 성질은 섬김, 조직에 은혜 입음으로 간주된다.

"그래서 사장님은 어떤 결론을 갖고 계신가요?" 나는 활을 다시 그에게 되돌려 겨누었다. 아직도 살짝 넋이 나간 상태인 그가 말했다. "핀볼 게임을 아세요? 사장으로서 내가 해야 할 일은 무엇보다도 쇠구슬이 지속적으로 위쪽에 머물러 있는지 지켜보는 것이라고 생각합니다. 나머지 일들은 다 부차적이에요."

정상에 오른 이들에게 여러분은 무엇을 바라는가?
그들이 더 애써서 해야 할 일은 무엇인가?
당신이 리더라면, 조직을 위해 무엇을 할 수 있을지
구체적인 계획을 세워 보라.

영원한
불평꾼들

최근 나는 한 여성 중견관리자와 대화를 나누었다. 그는 자신이 맡고 있는 분야에 구조 조정이 필요하다고 했다. 그러면서 인상적일 만큼 간결한 조치가 담긴 목록을 스르륵 펼쳐 보였다. 어지럽게 얽힌 문제를 그걸로 개선하려 했던 것이다.

그는 "이 정도면 괜찮다고 생각해요"라고 말했다. 그럴 만했다. "하지만 몇몇 친구는 정말 사람 꼭지 돌게 만들어요. 만족이란 걸 모르고 늘 사방에 불만만 쏟아 내는 사람들이죠. 주제가 뭐가 되었든 상관없이 말입니다. 지금 처리해야 하는 모든 일에 대해 그냥 불평을 하는 겁니다. 주차장이 무질서하다는 둥 매주 배달되는 꽃의 꽃꽂이가 엉망이라는 둥 불평을 해 대고, 내가 지시하는 일이 과도하다, 요구하는 게 너무 많다는 불만은 기본이고요. 신규 채용된 팀원의 무능력, 구내식당 음식 등 수백 가지죠."

"그런 상황이 된 지 얼마나 되었나요?"라고 내가 물어보았다.

"뭐, 그렇죠. 구조 조정 기간 중에는 분위기가 대체로 좋지 않습니다. 그런 건 정상이죠. 하지만 소그룹 하나가 6개월째 불만 상태입니다. 저는 이 사람들과 얼마든지 대화할 생각입니다"라고 그가 대답했다. "그런데 그 그룹에는 도대체 아무것도 먹혀 들지가 않아요. 뭘 해야 할지 도대체 모르겠어요."

모든 것을 다 거부하는 이런 태도는 대화를 합리적으로 한다고 바뀌는 것이 아니다. 부정적인 태도는 노동 환경과는 아무런 관계가 없으며, 오히려 그 사람들 자체와 관련이 있기 때문이다. 그들은 자신의 불만을 마치 배낭에 넣어 두기라도 한 것처럼 늘 지니고 다닌다. 그래서 그 불만은 바깥으로 나갈 길을 찾게 되고, 불만을 토로할 그럴 듯한 이유는 항상 하나쯤 나오기 마련이다. 그렇게 부정적 분위기를 조성하는 행동은 마음속 부정적 태도의 표현인 것이다.

그런 태도를 보이는 직원들은 유감스럽게도 상사와 생각이 다르다. 그들은 근무 환경, 여성 상사, 꽃꽂이, 회사 수위의 변덕, 낡은 버전의 소프트웨어, 날씨, 교통, 커피머신 또는 뭐가 되었든 자신의 관찰 반경 내에 있는 모든 것이 기분을 망치는 원인이라고 여긴다. 원인과 결과를 혼동하는 고전적 맹목이다.

　직원 간의 분위기를 개선하기 위해 그 여성 부서장이 해야 할 일
은 딱 하나다. 이런 태도를 용납하지 않는 것이다. 불평불만은 팀 내
에 설 자리가 없음을 당사자에게 알려 주는 것이다. 그래서 무조건
적으로 불평하는 태도를 고치게 하든지 아니면 자르든지, 둘 중 하
나다.

직원 중 부정적인 사람을 알고 있는가?
여러분은 그 상황을 개선하려고 뭘 했는가?

일이 재미있어도 되나?

얼마 전 나는 나이 지긋한 한 무리의 부서장들과 대화를 나누었다. 아주 교양도 있고, 직위도 오를 만큼 올랐으며, 노련하다는 인상을 주고, 연거푸 기록적 성과를 낼 때 생기는 자신감으로 충만한 사람들이었다. 분위기도 그에 걸맞게 진지했다.

워크숍을 위해 우리는 '최선의 상황이라면, 오늘 우리가 함께 경험하려는 것은 무엇인가'라는 흔치 않은 질문으로 워밍업을 했다. 목록은 금방 만들어졌다.

★ 구체적 결과와 해법의 발견.

★ 서로 연관된 두 사업분야가 최적 상태가 아닐 때 둘 간의 인터페이스 문제 해결.

★ 팀 내에서의 협력을 전반적으로 강화.

★ 새로운 거대 프로젝트에서 업무 분장 분명히 하기.

★ 서비스에 대한 이해를 현재 진행 중인 여러 전략적 결정에 맞추기.

★ 이론과 구상을 계속 할 게 아니라 구체적이고 실천 가능한 조치 만들어 내기.

★ 관료주의 확대 경계.

"이게 여러분들이 하려는 것의 전부인가요?"라고 나는 물어보았다. 다들 말이 없다. 나는 이어 "물론 목록에 오른 모든 항목이 다 중요합니다. 하지만 저는 토론의 품질도 큰 역할을 한다고 봅니다. 워크숍은 체험적 성격을 갖고 있으니까요"라고 말했다. 그러자 "그게 구체적으로 뭐죠?"라고 한 남성이 물었다. 나는 "함께 웃을 수 있는 것도 제게는 중요합니다. 그건 오늘 이 자리에만 해당되는 것이 아니라 일반적으로 통용되는 사항입니다"라고 대답했다. "우리 모두 서로 재미있는 시간을 갖기 바랍니다."

좌중은 뜻밖의 대답에 잠시 놀란 듯했다. 질문했던 남성이 단조로운 목소리로 한마디했다. "우리는 재미있게 놀려고 여기 온 게 아닙니다. 할 일이 있다는 말이죠." 일이 재미있어도 되는지, 서로 힘을 합쳐 심각한 결과물을 생산하고 있는 판에 웃어도 되는지 같은 짧은 대화가 이어졌다. 여러분 자신과 근무 환경을 위해 여러분도 한번 생각해 보기 바란다.

베스트셀러 《초우량 기업의 조건》의 저자 중 한 사람인 토마스 피터스는 리더의 자리에 있는 이들에게 "근무 분위기를 더 중요시한다면 부하 직원에게 다음과 같은 질문을 해보라"고 권했다.

★ 지금 이 순간 여러분이 하고 있는 일에서 가장 짜릿한 점이 무엇인가?
★ 내가 무엇을 해 주면 여러분이 더 재미있게 일할 수 있는가?
★ 내가 무엇을 해 주면 여러분 스스로가 최적의 흐름을 타 최고의 성과를 낼 수 있는가?

여러분 생각은 어떤가?
일이 재미있어도 되는가?
상사는 직원들이 많이 웃을 수 있도록
애를 써야 하는가?

7
이렇게 하면
인간적인 상사가 된다

〰〰〰〰〰〰〰〰〰〰〰〰〰〰〰〰〰〰〰〰〰〰〰〰〰

　최근 나는 비교적 젊은 관리자 한 명과 그의 감정에 대한 대화를 나누었다. 그는 자신의 직장 활동 범위 내에서는 감정을 투명하게 드러내는 일이 거의 없었다. 그렇다 보니 체계적이고 실무적인 그의 일처리 방식은 마치 로봇 같다는 인상을 주었다. 그러니 자기 팀은 물론이고 업무 영역 전반에 긍정적이고 바람직한 영향을 주지 못했다. 이게 그의 상사가 내린 평가였다.

　그 젊은 관리자는 "제가 뭘 하면 될까요?"라고 물었다.
　"그때그때 다릅니다. 그런데 도대체 감정이란 걸 갖고는 계신가요?"
　"당연하죠, 다른 사람들과 마찬가지입니다."

"좀 바보 같은 질문인지도 모르겠습니다만, 그래도 여쭤 보겠습니다. 감정을 갖고 있다는 것을 어떻게 알아차리시죠?"

나는 계속해서 질문을 던졌다. "그리고 왜 다른 사람들이 그 감정에 관여하지 못하게 하시죠?"

그는 생각에 잠긴 듯 말이 없었다. 간단한 질문이 아니다. 여러분은 자신이 감정을 갖고 있음을 어떻게 감지하는가? 예를 들어 바로 지금, 여러분이 이 문장을 읽는 순간에 말이다. 바로 지금 여러분은 어떤 기분 상태에 있는가?

나와 대화 중인 그 관리자가 선택할 수 있는 길은 세 가지가 있다. 실천하기 쉬운 것부터 제시해본다.

1) **감정에 신경 *끄기***: 그는 사실 관계 중심의 객관적이고 감정 없는 태도를 자신이 어찌할 수 없는, DNA에 새겨진, 신경세포에 딱 달라붙어 있어서 변할 수 없는 것으로 간주할 수 있다. 그런 경우라면 감정에는 신경 끄고, 실제 당면한 완전히 다른 문제를 챙겨야 할 것이다.

2) **원인 찾기**: 그는 자신이 무엇 때문에 그렇게 행동하는지, 어째서 그렇게 행동하는지 궁금해할 수 있다. 예를 들면 자기 내면이 바깥쪽으로 좀 더 투명하게 드러나는 것을 막는 요인이 무엇인지 자

문해 보는 것이다. 그러다 보면 무엇 때문에 자기를 둘러싼 일들이 그렇게 돌아가는지를 더 잘 이해하게 될 것이다. (아직 무슨 변화가 일어나는 것은 아니다.)

3) **표현하기**: 그는 자신의 행동 목록을 의식적으로 늘릴 수 있다. 그리고 자신이 느끼는 여러 감정을 의식적으로 표현해 볼 수 있다. 물론 처음에는 다소 인위적이라는 느낌이 들 수 있다. 예컨대 기쁘다고 느끼면 "지금 나는 기쁘다"라고 말할 수 있을 것이다.

그 관리자는 인상적일 정도로 야심이 많은 사람이었기에 열렬히 세 번째 길을 가려고 했다. 나는 그 실천을 위해 다음 일곱 가지 사항을 동아줄로 삼으라고 알려 주었다.

☆ **특별한 의도 없이 대화 나누기**: 직원들과 아무런 격식 없이 이야기를 나누라. 구체적 관심사나 목표 같은 건 하나도 없이 말이다. 그냥 대화하는 거다. 그저 몇 분 정도면 된다. 예를 들면 어떤 직원이 앉아 일하는 자리를 지나갈 때 그렇게 하는 거다. 여러분이 재미있어 하는 주제 하나로 시작하면 된다. 자기의 일상에 대해 뭔가를 이야기해 주어도 좋다. 또는 특정 프로젝트를 그렇게 진행하는 이유가 뭔지 물어보라.
☆ **다음 번 회의 때는 눈 마주치는 시간을 1초 정도 더 길게 유지하기**: 대화 상대의 눈을 들여다볼 때 지금까지 해 왔던 것보다 의식적으로 더

오랫동안 보라. 하지만 너무 오랫동안 응시하는 것은 피해야 한다.

★ **회의할 때나 상호 작용할 때 더 가볍고 명랑한 분위기 만들기:** 직원들이 상사와의 회의나 대화를 앞두고 즐거운 기분이 들도록 신경을 써야 한다. 늘 뭔가를 배울 수 있다, 함께 웃을 수 있다거나 적극적인 도움을 받는 것 같다는 기분이 들게 하라는 말이다.

★ **배꼽 빠지게 웃어서 환한 얼굴빛을 직원들에게 보이기:** 회의석상에서나 전화 통화할 때 적어도 한 번은 온 마음으로 웃을 수 있는 기회를 가져 보라. 자신을 웃음거리로 삼는 것도 좋다. 하지만 그렇게 할 때 반어적이거나 풍자적이거나 아니면 냉소적인 언급은 할 필요가 없다.

★ **악수할 때 상대를 쳐다보기:** 인사 나누기라는 의례를 잘 활용하라는 말이다. 상대가 여러분 손의 압력을 뚜렷이 감지할 정도로(그렇다고 집게발처럼 꽉 쥐라는 얘기는 아니다) 악수를 하며 동시에 상대의 눈을 직접 바라보는 것이다. 그때 의식적으로 다정한 태도를 취하기 바란다.

★ **칭찬하기:** 리더의 자리에 있는 사람은 팀원이 잘 해내는 일상적인 일에 신경을 써야 한다. 이걸 표현하라. 예를 들면 이런 식이다. "이번 미팅 준비가 아주 훌륭했어." "하인츠 씨 업무를 흔쾌히 받아 주어서 고마워요."

★ **회의할 때 워밍업을 하나 하면서 시작하기:** 회의를 위해 모인 직원들이 서로 편한 마음이 되기까지에는 시간이 좀 걸린다. 서로 오래 전부터 알고 있는 사이인데도 말이다. 물론 그걸 의식하지 못하는

사람이 대다수다. 그렇기 때문에 미팅을 할 때마다 몇 분 정도는 모인 사람들끼리 스몰토크를 하면서 시작하는 것이 좋다. 대번에 본론으로 들어가지는 말라는 것이다.

상사에게 하고 싶은 조언이 있는가?
어떨 때 상사를 인간적이라고 느끼는가?

나의 상사는
변하지 않는다?

최근 나는 내 블로그 글을 엄청나게 씹어 대는 한 사람과 대화를 나누었다. 상급자에 대한 태도가 너무 비굴하다는 게 그의 생각이었다. "이 블로그는 어린애 돌보는 아주머니들이나 보라는 거군. 친절하기 짝이 없어. 길게 늘어선 무능한 윗사람들이 듣기에 거북한 말은 한마디도 안 하잖아. 수많은 연구 결과가 증명하듯이 보스 둘 중하나는 자아도취에 빠진 독불장군이고, 몇몇은 아주 제대로 된 사이코패스라고."

이 정도면 심하다. 그 이면에 개인적인 상처가 희미하게 아른거렸다. 어떤 사람이 이토록 확고부동한 견해를 밝힌다면 도대체 어떻게 반응해야 하는가? 근본적인 질문이다. 왜냐하면 그가 밝힌 견해에 부합하지 않는 모든 대응은 황량한 바닥에 떨어지고 말 것이기 때문이다. 그래서 나는 그가 한 말 중에서 내가 이해할 수 있는 부분에 초점을 맞추었다. 그리고 다음과 같이 상투적인 방식으로 대답했다. "네, 물론이죠. 몹시 까다로운 상사들이란 늘 있으니까요." 그런 다음 나쁜 상사에 관한 고전적인 항목 열 가지를 나열했다.

- ★ 오로지 문제점에만 집중한다.
- ★ 사람들을 자기 목적을 위한 보조수단으로 대한다.
- ★ 내가 해봐서 아는데… 라며 아는 체하는 사람이다.
- ★ 팀에 부정적인 피드백을 준다.
- ★ 타인의 성과를 자기 것인 양 한다.
- ★ 고맙다는 말을 좀처럼 하지 않는다.
- ★ 남의 말을 귀 기울여 듣지 않는다.
- ★ 자신이 아니라 다른 사람들이 문제라고 여긴다.
- ★ 자신이 얼마나 똑똑하고 중요한 사람인지를 설명하는 데에 시간을 거의 다 쓴다.

그러자 즉시 상대방의 분위기가 눈에 띄게 부드러워졌다. 그는 말했다. "그렇습니다. 알고 계시는군요. 그런데 이런 내용은 거의 쓰지 않더군요. 그런 걸 꼭 한번 적어 주셔야 했다는 겁니다. 정말 명쾌하게 말입니다."

이에 나는 "이렇게 열거한 것으로 이제 충분히 명쾌해졌습니까?

아니면 아직 명쾌한 말이 더 필요한가요?"라고 물어보았다. 그는 나를 잠깐 바라보더니 다시 짜증스럽다는 듯이 말했다. "여기서 우리 둘이 계속 욕해 봤자 아무런 의미도 없지요. 그게 무슨 소용이겠어요? 그래 봤자 이 빌어먹을 보스들은 하나도 변하지 않을 텐데 말이에요." 그는 나의 동의를 당연하다고 여겼다. 그래서 나는 계속 질문했다. "선생은 이 어려운 문제를 풀려면 어떻게 대처해야 한다고 보십니까? 훌륭한 보스는 어떻게 행동한다고 보시나요?"

대화를 시작할 때는 눈에 띌 정도로 에너지가 실렸었는데 이제 그 흐름이 시들해졌다. 시간이 한참 흐른 뒤 마침내 내 대화 상대는 훌륭한 상사의 적극적 행동 방식 열 가지를 담은 목록을 완성했다.

☆ 남의 말에 귀를 잘 기울이지 않는 사람을 대할 때는 최대한 간결하게 이야기한다.

☆ 직원들이 언제 기뻐하고 열광하는지를 안다. 그리고 집단에 긍정적 에너지를 가져다 주는 사람들을 도와 더 성장하게 한다.

☆ "이 사안에 대해 어떻게 생각하세요?" 또는 "어떤 일이 가장 재미있어요?"라고 묻는다.

☆ 늘 진지한 얼굴을 하고 있기보다는 잘 웃고 명랑하며 사람들에게 미소를 보낸다.

☆ 커다란 전체, 맥락 그리고 그 맥락에 속하는 어떤 한 업무가 무엇 때문에 중요하며 의미가 있는지를 설명해 준다.

☆ 개인이 발전하려면 시간이 필요함을 받아들인다.

★ '안건 없는' 회의를 끝까지 끌고 나간다. 직원들도 회의 안건을 정할 수 있게 한다.

★ 팀원을 모두 잘 알고 있다. 그들의 능력, 열정, 야망 및 인생 목표가 적힌 목록을 작성한다. 그리고 그들이 그걸 이룰 수 있도록 밀어 준다.

★ 팀 내의 부정적 요소를 제거한다.

★ 직원들이 자신감 있게 일할 수 있도록 해 주며, 함께 이룬 성과를 자랑스러워한다.

이 비판자는 자신의 목록에 만족했다. 나는 안도하며, 처음 대화를 시작할 때 우리를 억누른 묵직한 분위기가 눈에 띄게 가벼워졌다고 말했다. 그러자 그는 잠시 뜸을 들인 뒤 "그래서 지금은요?"라고 물었다. "이제 우리도 알지만, 나쁜 상사들이 있습니다. 그들이 무엇을 바꾸어야 하는지를 우리는 압니다. 하지만 그래 봤자 아직 변한 건 하나도 없습니다." 확고한 견해의 소유자인 그도 중요한 사실 하나를 인정하기 시작했다. 욕해 봤자 아무 소용이 없다는 것이다. 그러니 우리는 개선의 여지가 있는 상급자라는 주제를 달리 다루어야 한다. 어떻게?

거의 400년 전, 갈릴레오 갈릴레이는 이렇게 단언했다. "우리가 사람들에게 가르칠 수 있는 것은 아무것도 없다. 다만 그것을 자신 속에서 발견하도록 그를 도와줄 수 있을 뿐이다." 이 말은 여전히 유효하다.

♛

여러분 생각은 어떤가? 어떻게 하면 끔찍한 상사들이 변할 수 있는가?
여러분은 어떤 경험을 갖고 있는가? 어떤 상황에서 그 방법이 효과를 거두고
어떤 상황에서는 효과가 없는가?

상사의 성향을 바꾸겠다는
생각은 버리자

최근 나는 적극적인 블로그 독자 한 명과 이메일을 통해 의견을 나눈 적이 있다. 그는 얼이 빠진 상태로 자기 상사에 대해 다음과 같이 썼다. "우리 부장님은 사람을 가만 놔둘 줄 모릅니다. 사람 자체가 구식이죠. 제 일을 그저 건성으로 대충대충 보아 넘깁니다. 바로 얼마 전에 저는 프로젝트 예산 관련 미팅을 위해 아주 세세하게 준비를 했고, 제 논리를 다시 한번 서식에 맞게 정리했습니다. 그런데 결국 일어날 수밖에 없는 일이 일어나고 말았죠. 부장님이 미팅을 주도하더니 제게 발언 기회를 주지 않는 것입니다. 그분 논리는 당연히 제가 작성한 자료와 맞지 않았습니다. 그는 준비도 되지 않은 상태인 데다 전문성도 없었거든요."

어렵고도 어려운 일이다. 그나마 나로서는 다행이었던 게, 이 독자는 하소연하는 데에 그치지 않고 다음과 같은 질문도 했다는 사실이다. "어떻게 하면 부하 직원의 능력을 더 신뢰할 수 있도록 우리 부장님을 정중하게 설득할 수 있을까요?"

이 질문에는 간단한 답이 있다. 안 된다는 것이다. 더 신뢰하라고 말로 설득하는 것은 불가능하다. 누구도 그렇게 할 수 없다. 신뢰란 신뢰받을 행동을 함으로써 얻어지는 것이다. 신뢰는 남들이 보기에 '저 사람 믿음이 가네'라고 입증할 만한 행동을 할 때 쌓인다. 말로 요구하는 것은 거기에 포함되지 않는다. "부장님이 저를 별로 신뢰하지 않는다는 인상을 받았는데, 제 생각이 맞습니까?"라는 취지의 이야기를 해 봤자 아무 소득도 얻지 못하는 경우가 흔하다. 보스더러 그 질문에 어떻게 대꾸하라고? 보스가 그를 못 미더워한다는 점을 의식하지 못했다면 당혹스러울 것이고, 그렇지 않다고 반박할 것이다. 물론 보스가 그걸 의식하고 있으며 나름 이유도 있지만, 별로 밝히고 싶지 않을 수도 있다.

"논쟁으로 보스를 바꾸려 하지 말고 그 에너지를 자기 자신의 성장에 사용하라." 이것이 어쩌면 이 딜레마를 다루는 열쇠일지도 모른다. 현재의 난관과 그 불만스런 회의는 잊어버리시라. 그보다는 상사와 대화를 통해 새로운 것을 발견해 보라. 상사에게 가서 업무와 관련하여 개인적으로 면담을 하고 싶은데 15분 정도 시간을 내줄 수 있는지 물어보라. 그렇게 자리가 마련되면 다음 세 가지 질문을 해 보라.

★ 저와 함께 일할 때 좋은 점이 있다면 무엇입니까?
★ 저와 함께 일할 때 때로 좀 힘들다 싶은 점은 무엇입니까?
★ 일을 더 효율적으로 하려면 제가 어떻게 해야 한다고 보시는지요?

이러한 질문을 통해 여러분이 상사에게 어떤 존재로 보이는지, 또 상사의 시각에서 여러분이 어떤 이바지를 할 수 있는지 알 수 있다. 상사의 말은 실행에 옮겨야 하는 명령이 아니라 기운 내라는 제안으로 받아들이면 좋겠다. 그리고 상사에게 고맙다는 뜻을 전하는 것이 좋겠다. 직장에서 보스와의 관계를 어떻게 형성하는가는 호칭, 직위, 서열 따위를 떠나 자신의 리더십 능력이 어떠한지를 보여 주는 징표다. 훌륭한 상사와 아무런 문제없이 잘 지내는 것은 대단한 기술이라 할 수 없다. 누구나 할 수 있으니까. 자신의 탁월한 주체성은 까다로운 윗사람과의 관계에서 극한의 스트레스를 견디는 가운데 비로소 드러나는 법이다.

이렇게 말하면 사람들은 대개 잘못 이해한다. 그래서 강조하는데, 부하 직원으로서 온몸을 다 바쳐 상사에게 맞추라는 얘기가 아니다. 남이 나를 어떻게 보고 있는지를 적극적으로 파악하라는 것이다. 격하게 표현하자면, 구체적으로 감정 이입을 하라는 것이다. 자기 자신과도 마찬가지다.

상사에게 앞서 말한 세 가지 질문을 해 보았는가?
상사의 대답은 무엇이었는가?
상사의 대답이 도움 되었는가?
그 질문을 한 뒤 회사 생활에 변화가 있었는가?

긍정적 피드백에는
긍정적 반응이 따라온다

최근 나는 항공운송 관련 물품 서비스업체의 관리자와 그의 소박한 사무실에서 대화를 나누었다. 나이 오십이 채 안 된 그는 숫자에 무척 꼼꼼하며, 실용적이고 문제 해결 지향적이며, 때로 성미가 급하기도 했다. 어느 정도인가 하면, 내가 말을 끝내기도 전에 종종 대답을 할 정도였다. 취업 면접에서 꼭 나오는 뻔한 질문의 하나인, 자기 약점이 뭐냐는 질문에 "성급함"이라고 대답할 그런 종류의 사람인 것 같았다. 관리자 직급에 있는 이들과의 인터뷰에서 이런 특성을 읽어 내고는 나는 늘 되풀이하여 놀란다. 문제는 다들 그것을 칭찬이나 사회에서 용인되는 사소한 잘못쯤으로, 따라서 심각하지않은 것으로 여긴다는 사실이다.

우리는 그가 담당하는 부서의 다소 침체된 분위기에 대해, 그리고 얼마 전 실시된 근무 평정에 대해 이야기를 나누었다. 잘한 일이나 성공한 일을 축하해 주는 문화가 별로 눈에 띄지 않는다는 것이 그에 대한 평정 결과였다. 인사팀에서는 성공을 축하하는 것뿐만 아니라 상대를 존중하는 표현도 중요하다고 지적했다.

나는 평소 직원들을 어떤 식으로 대하는지 구체적으로 물어보았다. 그는 이렇게 대답했다. "네, 아시겠지만 저는 칭찬을 많이 하는 스타일이 아닙니다. 오히려 업무에 집중하는 편이죠."

그 관리자는 계속 설명했다. 회사에서 직원들이 하는 행동이라는 게 다 거기서 거기라 일상적으로 칭찬 따위의 긍정적 피드백을 할 이유가 없다는 것이었다. 그는 이렇게 덧붙였다. "제가 지금 갑자기 이런 게 좋아 보인다고 말하면 아주 억지스럽다는 느낌을 주겠죠. 우리 사장님도 저를 칭찬하는 일이 없습니다. 이곳에서 우리는 '무소식이 희소식'이라는 말을 표어로 내걸고 지냅니다."

'무소식이 희소식'이라는 말을 아는가? 이 관리자는 직원이 안 좋은 쪽으로 빠질 경우에만 나선다. 그걸 '예외 관리'라고 하는데, 정상에서 벗어났을 때 개입해 관리한다는 뜻이다. 이게 아주 유용할 때도 있다. 하지만 회사 분위기를 꾸준히 참여 기조로 만드는 데에는 거의 도움이 되지 않는다. 많은 연구 결과가 이를 역설하고 있다. 대략적으로 통하는 규칙을 제시하자면, 성공하는 팀의 경우 그 비율이 적어도 5:1 언저리에 있다. 긍정적인 인상을 부정적인 그것보다 다섯 배 더 많이 서로 교환한다는 말이다. 아마도 부정적인 피드백 하나에 긍정적인 것 하나를 붙여 주라고 여러분도 배운 적이 있을 것이다. 그건 무시하기 바란다. 이제부터는 5라는 인수를 사용하라. 부정적인 인상 하나에 긍정적인 것 다섯 가지를 덧붙이라는 말이다. 이는 모든 업무 관계에 해당된다.

긍정의 힘을 부정하는 문화는 나로서는 경악스럽다. 사실 모든 인간은 긍정적인 피드백을 받으면 긍정적으로 반응한다. 부서장이든 직원이든 마찬가지다. 수단으로 써먹는 것이 아니라 진정성을 갖고 대하면 그렇다는 말이다.

나와 그 관리자는 어떻게 하면 억지스럽다는 인상을 주지 않으면서 긍정적 피드백을 강화할 수 있는지 여러 안을 두고 대화를 나누었다. 우리가 합의한 내용은 다음과 같다. 첫째, 우리는 어떤 단계에서든 긍정적인 피드백을 받을 수 있다. 둘째, 우리 모두가 긍정적인 피드백을 주는 것이 쉬운 일은 아니다. 셋째, 가장 중요한 것은 누군가 시작을 해야 한다는 점이다. 그래야 아무런 감흥도 유발하지 못하는, '무소식이 희소식' 류의 문화가 변한다.

그걸 여러분이 하면 왜 안 되겠는가? 이번 주에 팀장을 포함한 팀의 모든 직원에게, 어차피 하게 되는 대화를 기회 삼아, 여러분이 그들의 어떤 점을 인상 깊게 여기는지 표현해 보라. 어떻게 말을 꺼내면 좋을지 모르겠다면 그냥 이렇게 한번 해 보라. "그런데 말이지, OO씨가 OO하는 걸 보면 늘 대단하다는 생각이 든단 말이야."

여러분은 어떻게 칭찬하는가?
진정성이 담긴 칭찬은 여러분에게 어떤 효과를 주는가?

드라간 코치와 함께
정상으로

~~~~~~~~~~~~~~~~~~~~~~~~~~~~~~~~~~~

최근 나는 드라간 코치와 짜릿한 대화를 나누었다. 장소는 취리히 호반 공원의 중국식 정원 앞에 펼쳐진 블라터 초원. 그곳에서 그는 멋진 짙푸른 운동복을 입고서 열두 살쯤 된, 축구에 재능이 있는 한 꿈 많은 아이에게 늘 똑같은 훈련을 시켰다. 한 차례 달릴 때마다 피드백을 빼놓지 않았다. 그리고 사소한 고칠 점도 하나 덧붙였다. 예를 들면, "박차고 달릴 때는 무릎을 좀 더 높이 올려" 같은 것이다. 이 은발의 노신사를 본 게 한두 번이 아니었다. 그는 늘 완전히 집중한 채 축구 선수들을 한 명씩 개인 지도했다.

무엇 때문에 이 축구 선수들이 당신과 함께 훈련을 하느냐는 내 질문에 그는 "그들이 내게 오는 이유는 내가 세계적 수준의 트레이

너이기 때문"이라고 자신감에 차서 대답했다. 그는 "나와 훈련하려고 300킬로미터를 달려오는 사람도 있어요"라고 자랑스러운듯 덧붙였다. 점점 흥미가 커졌다. 그는 자신의 성공 비법을 "아이들은 금방 좋아진다"라는 말로 명쾌하게 설명했다. "아이들은 한 시간을 훈련시키면 벌써 저 위의 계단을 이전보다 두 단계 더 높이 뛰어오른답니다."

별안간, 나의 축구 실력이 왜 2부리그 수준을 뛰어넘을 수 없었는지가 분명해졌다. 그는 나와 느긋하게 대화를 나누는 중에도 "항상 공 쪽을 바라보라니까!"라고 지쳐 가는 청소년을 향해 소리쳤다. 옛날에 내가 축구 연습을 할 때는 세세한 것에 그렇게 초점을 맞추는 훈련을 경험한 적이 없다. 개인적으로 그런 날카로운 지적을 받은 적이 없음은 말할 나위도 없다.

나는 매료되었다. 드라간 코치는 지속적으로 내게 다음과 같은 영감을 불어넣어 주었다. 조직 내의 보스와 그의 팀이 이렇게 각자의 상호 작용 능력을 훈련한다면, 그리고 자신을 모든 단계에서 늘 '배우는 자'이기도 하다고 생각한다면 어떻게 될까? 부서 내에서 물 흐르듯 매끄럽게 협업해 나가기 위해 지금 이 순간 배우고 있는 것이 무엇인지를 각 개인이 뚜렷하게 알고 있다면 또 어떻게 될까? 그리고 그 정보를 단순하고도 정확한 말로 전해 줄 수 있다면? 지금과는 차원이 다른 업무 수행으로 전혀 딴판인 결과를 낼 수 있지 않을까?

'협업이란 훈련으로 될 수 있는 게 아니다. 그냥 협업을 할 수 있거나 없거나 둘 중 하나지.' 흔히들 이런 식으로 생각한다. 하지만 그건 틀렸다. 협업도 훈련이 가능하다. 그리고 빠르고도 효과적으로 더 좋아질 수 있다. 나이에 상관없고, 성별, 국적, 성적 지향, 소득 범주, 교육 수준, 언어 능력, 또는 그 외에 반대 논거로 제시되는 그 어떤 변명거리에도 상관없다. 물론 한계가 있기는 하지만 말이다.

문제는 지금 내가 어디에 서 있는가와 상관없이 내가 나를 개선하려는 의지가 있는가이다. 이 질문에 예스라고 대답한다면 순전히 훈련에만 쓴 시간의 양과 더불어(맬컴 글래드웰의 '1만 시간의 법칙'을 생각해 보라) 훈련의 질이 중요한 역할을 한다. 더그 레모브, 케이티 예지, 에리카 울웨이의 공저작《완벽하게 훈련하라: 나아지고 있는 상태에서 더 나아지기 위한 42가지 규칙(Practice perfect: 42 rules for getting better at getting better)》이 그 완벽한 지침을 제공하고 있다.

드라간 코치에게서 내가 더 알고 싶은 것은 그의 훈련이 그렇게 신속한 결과를 내는 비결이었다. "무엇이 좋았는지를 항상 반복적으로 말해 주어야 합니다. 그리고 나쁜 점은 비판해 주어야 합니다. 이걸 번갈아가면서 하는 것이 중요합니다. 사람이란 다 제각각입니다. 그들이 갖고 있는 동기도 마찬가지죠. 중요한 것은 심리입니다. 아이들에게 하나의 우상이 되어야 한다는 말이에요."

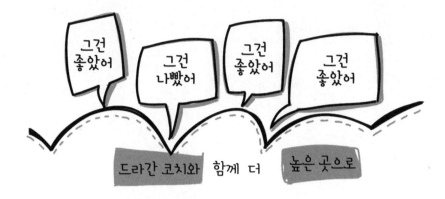

커뮤니케이션 분야에서 여러분은 무엇을 배우고 싶은가?
여러분의 훈련 프로그램은 어떠한가?
여러분의 경험을 함께 나누기 바란다.

제 2 장

상사에게 영향을 주는 방법

어떻게 하면 **상사에게** 영향을 미칠 수 있을까?

특정 업무 영역 및 직장 내 인간관계에 여러분이 영향을 미칠 수 있다면 자신에게 이익이 되는 쪽으로 행해야 한다. 이번 장에서는 이에 대해 안성맞춤인 짧은 이야기를 만나게 될 것이다. 윗사람과의 갈등 같은 여러 난관 및 여타의 문제점을 어떻게 잘 해결할 수 있는지 여기서 살펴보기 바란다.

예컨대 상사가 '솔직한 피드백'을 요구하면 여러분은 어떻게 하겠는가? 자신만의 해법이 있다면 당당해야 하고, 그 때문에 실제로 어떤 점이 개선되었는지 알아야 한다. 만약 할 수 있는 일이 하나도 없다면 그로 인한 결과를 감수할 준비가 되어 있어야 한다. 적극적으로 나서서 함께 일을 진행해 보기 바란다. 그래야 직장에서 근무할 때 마음이 편하다.

성질을 버럭 내는
상사라면

최근 나는 한 펀드 매니저와 토론을 했다. 꽤 규모가 있는 은행에서 수억 프랑을 관리하는 사람이었다. 그의 상사는 변덕이 심하고 이따금 사람을 함부로 대하며, 목표가 달성되지 않으면 마구 소리도 질러 대는 사람이었다. 그런 행동은 대상이 되는 사람의 기운을 빼고, 여러 직원이 함께 근무하는 대규모 사무 공간 내의 긍정적 업무 분위기에도 해를 끼친다. 그 펀드 매니저는 철저하게 업무적으로 접근하자는 자신의 전략이 아무런 효과가 없었기 때문에 그런 상사의 행동에 어떻게 대응해야 하는지 궁금해했다.

어려운 일이다. 정말 간단치 않은 문제다. 뚜렷한 권력 차이가 존재하는 데다 그런 상사에게 자신의 견해를 솔직하게 밝힌다는 것은 출세에 도움 되는 태도가 아니기 때문이다. 하지만 하나씩 순서대로 다가가 보자. 우선 그 상사와 함께 근무하는 사람으로서 이해해야 할 점이 있다. 그렇게 갑작스럽게 분노를 표출하는 사람은 열 받은 상태에서는 실무적인 상호 작용이 불가능하다는 사실이다. 자신의 감정 구름에 둘러싸여 있기 때문이다. 논리적으로 다가가 봤자 소용 없다. 텅 빈 집처럼, 그런 논리를 들어줄 사람이 없는 것과 마찬가지다. 그래서 때로는 그와 똑같이 그 감정의 구름에 올라타 맞대응하는 것이 일시적인 심리 치료에 도움이 되기도 한다. 하지만 그렇게 해소한 뒤에는 종종 공허감이 남으며, 대다수는 얼마 지나지 않아 곧 그런 대응을 후회한다. 그게 지속적인 해법이 되지 못하기 때문이다.

이 펀드 매니저가 자신의 새 일자리를 당황하지 않고 지키려면 어떻게 해야 할까? 이때는 다음의 3단계 구조 계획이 도움이 된다.

1) **상호 작용의 중단**: 1단계로 이 펀드 매니저는 상사와의 상호 작용을 가능한 한 빨리 중단해야 한다. 아마 다음과 같은 말로 끝낼 수 있을 것이다. "좋습니다. 저의 인풋이 만족스럽지 않으며 다른 어떤 것을 마음에 두고 계신 걸로 알겠습니다. 말씀하신 부분에 대해 저도 바로 살펴보겠습니다." (마구 소리를 질러대며 화내는 사람들은 종종 남들이 자기 말을 듣지 않는다고 여긴다. 여러분은 그걸 알고 있는가?) 그런 다음 그 자리를 뜬다. 요점은, 파괴적 상호 작용의 흐름을 외교적인 방식으로 끝내는 것이다. 그것도 즉각.

2) 대화 요청하기: 그런 다음 2단계로 들어간다. 이번에는 용기가 좀 필요하다. 상사에게 둘이서 잠깐 대화 나눌 시간을 내어 달라고 요청하는 것이다. 물론 화약 연기가 사라진 다음에 그런 말을 꺼내야 한다. 며칠 지난 뒤에 그렇게 하라는 말이다. 얼굴을 마주 보며 이렇게 말할 수 있을 것이다. "지난번 대화 때 제게 하신 말씀이 계속 마음에 걸려서요. 5분쯤 시간 내주실 수 있으신지요?"

이런 행동에는 두 가지 장점이 있다. 첫째, 그런 대화에 상사가 얼마나 개방적인지가 드러난다. 둘째, 상사는 이미 구체적인 어떤 점에서 여러분이 만족하지 않음을 알고 있다. 영리하게 그런 바늘구멍을 통과하고 나면, 대다수 윗사람은 대화에 열린 자세를 보인다.

3) 대화 나누기: 관건은 여러분이 그 상황을 어떻게 느꼈는지를 단순한 말로 직접 언급하는 일이다. 예를 들면 이런 식이다. "그 일을 대단한 문제인 것처럼 확대 해석하고 싶은 생각은 없습니다만, 제게 큰 목소리로 소리를 버럭 지르시면 저는 무척 기운이 빠지고 저를 무시한다는 생각까지 들어요. 제가 뭔가 좀 달라져야 한다는 건 저도 이해합니다. 하지만 팀장님도 좀 낮은 목소리로 지적해 주셨으면 좋겠습니다. 팀장님 생각은 어떠세요?" 마지막 말은 상대방에게 본인의 시각을 드러내 달라고 청하는, 일종의 초대다. 그렇게 함으로써 다른 사람의 관점에 관심이 있음을 보여 주는 것이다.

팀장은 사과하는 반응을 보일 수도 있고, 그 말을 그냥 받아들일 수도 있다. 둘 다 좋다. 펀드 매니저의 처지에서는 자신의 입장을 명확히 밝히는 것이 중요하다. 태도를 조정할지 말지는 상사가 스스로 결정할 문제다. 상사의 상사도 연관되어 있는 경우가 아니라면 말이다. 이런 대응이 때로 도움이 된다.

화를 벌컥 내는 상황이 반복되는 경우라면 이 3단계 구조 계획을 최대 세 번까지 실행해 보고 매번 실행한 다음 무슨 일이 일어났는지 점검해 보기 바란다. 상사의 태도에 아무런 변화가 없다면 그 상사는 변하지 않을 사람이다. 그냥 그럴 생각이 없는 사람이다. 그런 경우라면 직장이 상사의 담즙질 성향보다 얼마나 더 나은지를 판단해야 한다.

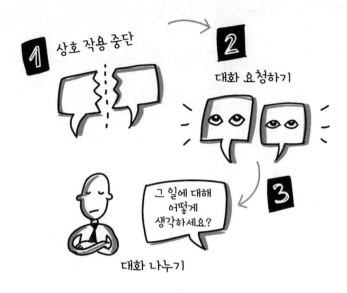

여러분은 담즙질 성향의 윗사람을 대해 본 적이 있는가?
여러분의 성공 처방은 무엇인가?

2

상사의 리드
잘 따르기

~~~~~~~~~~~~~~~~~~~~~~~~~~~~

최근 나는 리더십 교육을 받는 트레이너들과 대화를 나누었다. 우리는 간부들에게서 볼 수 있는 결점에 대해 이야기했다. 그들이 무엇을 개선해야 하는지 우리는 당연히 세세하게 알고 있었고(이건 나와 같은 직업을 가진 이들에게서 흔히 볼 수 있는 '전문성을 내세운 왜곡'일 수 있다!), 그에 대한 논쟁에 많은 에너지를 썼다. 가장 잘 들어맞은 해답은 무엇보다 '소프트한 기술'이라는 개념이었다. 말하자면 다정하게, 공감하면서 의사소통하는 법을, 제발 부탁컨대 부서장들이 배워야 한다는 것이었다. 어쨌든 이것이(이건 오프더레코드다) 윗사람의 소통 부재를 하소연한, 구조 조정 대상자가 되어 버린 한 미디어 업계 여성 관리자가 한 이야기의 핵심이었다.

하지만 그는 아주 결정적인 무엇을 잊어버리고 있었다. 그 말을 할 때 다른 측면, 말하자면 직원으로서의 자신은 염두에 두고 있지 않다는 점이다. 그러다 보니 겉보기에는 마치 상사만 바뀌면 상호 협업이 매끄럽게 이뤄질 것 같다는 인상을 준다. 하지만 그건 너무 단순한 생각이고 기본적으로 옳지 않다.

기억을 돕기 위해 덧붙이자면, 하나의 상호 작용에는 양쪽이 있어야 한다. 물론 그 양쪽은 권력 관계 면에서 동등하지 않은 상태에서 활동한다. 우리는 훌륭한 리더십에 대해서는 많은 이야기를 나누었지만 훌륭한 팔로워십, 그러니까 잘 따르는 능력에 대해서는 사실상 한마디도 하지 않았다. 그렇다. 여러분이 제대로 들었다. 기꺼이 다시 한번 반복하는데, 리더십에 잘 따르는 능력을 말하는 것이다.

여러분은 상사의 리드를 얼마나 잘 따르는가? 그 문제를 깊이 생각해본 적 있는가? 상사의 리더십을 존중하는지 묻는 것이다. 여러분은 어떤 유형인가? 다루기 쉬운 사람인가, 애를 써야 하는 유형인가 아니면 공감해 주는 유형인가? 여러분이 보기에 여러분 상사는 여러분이 그런 유형이라고 인정할 것 같은가? 거기에 혹 불일치가 있지는 않은가?

미디어 업계의 그 여성 관리자는 새 일자리를 구하고 있었다. 그녀는 환경이 바뀌면 그런 문제가 나타나지 않을 것이라고 믿고 있음이 분명하다. 하지만 그녀는 다시 상사와 업무적으로 엮이지 않을 수 없다. 우리 모두가 그러하듯 말이다. 직속 상사가 없다면, 예컨대 자영업을 하는 사람이라면 고객이 상사인 셈인데 그건 또 다른 재미난 주제가 되겠지만, 핵심은 앞의 경우와 전혀 다르지 않다.

그렇기 때문에 나는 기꺼이 그 여성 관리자 및 모든 똑똑한 직원들에게 리더십이라는 주제와 관련하여 다섯 가지 참신한 자극 거리를 제공함으로써 다시 생각해 볼 계기를 만들어 주려 한다.

1) 소통 스타일을 상사에게 맞추라. 윗사람이 구두 보고를 선호하는가? 그렇다면 여러분도 신경을 써서 정기적으로 구두 보고를 하라. 상사가 말로 설득하는 것을 싫어하며 모든 걸 요점 정리하듯 간결하게 이메일로 보고하라고 하는가? 그렇다면 그에게 이메일을 보내라. 상사가 어떤 스타일인지 모르겠다면 어떻게 보고하는 것이 좋을지 물어보라. 예를 들면 이런 식이다. "직접 보고할까요, 아니면 보고서를 올릴까요? 어떻게 하는 것이 가장 편하시겠습니까?" 그러면 상사는 기꺼이 확실한 답을 말해 줄 것이다.

2) 상사가 결정하면 사방 돌아다니면서 구시렁거릴 게 아니라 받아들여 실행하라. 성가신 지시나 결정이라도 토론하지 말고, 말대답이나 토를 달지 말며, 이렇게 하면 더 좋지 않겠느냐는 식의 제안도 하지 말고 매번 그대로 수용하라. 그냥 "좋습니다. 그렇게 할게요"라고 상냥하게 대답해 보라.

3) **상사가 달가워하지 않는 일을 떠맡아라.** 여러분은 상사가 무슨 일을 좋아하지 않는지 잘 안다. 그러니 자발적으로 나서서 그런 일의 일부를 떠맡아 보라.

4) **상사 비판은 반드시 단둘이 있을 때에만 하라.** 여러분이 동의하지 않는 점이 있으면 팀 전체가 모인 자리가 아니라 둘만의 대화에서 털어놓으라. 그런 경우라도 시점은 상사가 선택하게 해야 한다. 예를 들면 이런 식이다. "팀장님, 따로 잠깐 이야기를 나눴으면 하는데, 언제 시간이 나시는지요?"

5) **상사를 존중하라.** 특별한 걸 말하는 게 아니다. 글자 그대로 상사의 존재 가치를 존중하라는 것이다. 설사 상사가 '무소식이 희소식' 지지파처럼 그런 거 필요 없다고 말하는 스타일이라 해도, 아이디어가 좋은 것 같다, 회의에서 배운 게 많았다, 피드백 감사하다 등등의 소감을 전하라. 업무 관련해서, 심지어 그가 입은 화려한 색상의 셔츠에 대해서 긍정적인 반응을 겉으로 드러내도 괜찮다는 뜻이다.

이런 제안이 어쩌면 좀 낯설 수도 있겠다. 그건 정상이다. 왜냐하면 이와 같은 순순한 팔로워십은 유럽을 대표하는 기업에서는 좀체 볼 수 없기 때문이다. 그래서 우리 모두는 그런 걸 거북해한다. 그러니 여러분의 그런 행동에 대해 동료들이 이런저런 냉소적 언급을 하더라도 견딜 준비가 되어 있어야 한다. 앞의 그 미디어 업계 여성 관리자처럼 새로운 아이디어에 대해 도드라지게 방어적이거나 회의적인 태도를 보이는 게 일반적 문화로 정착되어 있는 분야에서 근무한다면 특히 그러하다.

이런 여러 팔로워십의 표현 중에서 여러분이 보기에 괜찮다 싶은 스타일을 골라 일상 속에서 테스트해 보라. 그리고 좋은 반응을 얻은 태도를 더욱 적극적으로 수용하라. 그렇게 하면 여러분은 저 망망대해에서 일어나는 구조 조정이라는 폭풍우 속으로 매끄럽게 노저어 갈 것이며, 날마다 일렁이는 파도를 유연하게 서핑할 수 있을 것이다.

여러분은 어떤 종류의 팔로워십을 지녔는가?
여러분은 상사에게 어떻게 이끌어 달라고
표현하는가?

'솔직한 피드백' 요구에
대응하는 솔직한 방법

얼마 전 나는 젊고 야심 많은 여성 의사 한 명과 대화를 나누었다. 그는 종합병원 과장급 의사로, 그 자리에 오른 지 얼마 되지 않았다. 대화는 동료 의사들이 자신을 대하는 태도가 자신의 승진 이후 크게 변했다는 그의 관찰을 중심으로 진행되었다. 특히 동료 의사들로부터 피드백이나 비판을 전혀 받지 못하고 있는 것이 문제였다. 좀 실망한 듯 그는 이렇게 정리했다. "함께 일하는 직원들에게 피드백을 해 달라고 분명하게 직접적으로 요청했는데도 맥 빠진 대답이나 무응답이 돌아왔답니다."

윗사람에게서 피드백 요청을 받았을 때의 그 별로 내키지 않는 상황을 아는가? 그러니까 "이제 여러분의 솔직한 피드백을 좀 받고 싶습니다"라는 말을 들었을 때의 상황 말이다. 뜬금 없다는 생각도 들 것이다. 어쩌면 상사가 리더십 세미나에 다녀온 다음일지도 모른다. 거기서 '열린 피드백 문화'라는 주제가 교과서에 나오는 그대로 논의되었음을 여러분은 즉각 알아차린다. 그뿐 아니라 그 윗사람이 평소에는 직원들의 반응에 아무런 관심이 없었음도 여러분은 알고 있다. 피드백에 관심을 표명하는 일로는 과거에 전혀 눈에 띈 적이 없는 사람이라는 것까지도. 말하자면 그런 피드백 요청이 대체로 좀 억지스럽고 위험하다 싶은 느낌이 드는 판이다.

솔직한 피드백 요청에는 적절히 주의를 기울이면서 대응해야 한다. 나와 상대의 권력 차이가 클수록 그렇다. '솔직하게'라는 말은 각 개인의 소속에 따라 아주 다양하게 이해될 수 있다. 이전에는 전혀 다른 방식으로 대하더니 무엇 때문에 갑자기 개방적인 태도를 요구하는 거지? 그런 요구에 아무런 여과 없이 직접 피드백을 내놓다 보면 오해가 생길 수 있고 개인적으로 상처를 주는 일이 발생할 수도 있다. 그러면 직장 내 대인 관계에도 부담으로 작용한다.

나는 그 의사에게 이 모든 것을 설명했다. 그리고 그가 참고했으면 하는 마음으로, '피드백을 원하는 상사를 어떻게 대해야 하는지, 평사원에게 해 주는 조언 몇 가지'를 덧붙였다.

☆ 심리적인 부담을 느끼지 않을 정도로만 피드백하기: 소위 동료 의식의 발

로랍시고 조언했다가는 나중에 후회할 수도 있으니, 어설프게 휘둘리면 안 된다. 확실치 않거나 미심쩍다면 차라리 뒤로 한발 빠져 입을 다무는 것이 좋다. 서로 협업하는 긍정적 순간에만 초점을 맞추어야 한다. 예를 들면 이렇게 말하라. "제가 말하고 싶은 것은 무엇보다 몇몇 특별한 협업의 순간에 대해서입니다. 이를테면 우리가 고객 X를 놓쳐 버렸을 때 팀장님이 보여 주신 침착하고도 정곡을 찌르는 반응이 제게는 참 인상적이었거든요."

★ **자세히 물어보기**: '종합적인 피드백'을 달라는 요청에는 답을 피하라. 그런 질문이 오면 계속 되물어 보라. 예를 들면 이런 식이다. "정확히 무엇에 관심을 두고 계시는지요? 구체적 상황을 말씀해 주시면 기꺼이 피드백을 해 드리고 제가 그때 기분이 어땠는지 말씀 드리겠습니다."

★ **미래에 집중하기**: 대다수 사람은 과거사에 별 관심이 없다. 때묻은 옷을 빨래하려고 할 때를 빼면 말이다. 그런데 더 나은 인적 교류, 상호 존중에 기초한 교류에는 과거의 때를 지우는 빨래라는 것이 별 쓸모가 없다. 그렇기 때문에 상호 작용의 초점은 미래에 두는 것이 바람직하다. 피드백 요청이 사무실 내에서의 협업을 위한 것이라면 다음과 같이 말할 수 있을 것이다. "우리끼리의 협업에 대해 말할 기회가 생겨 기쁩니다. 예컨대 토론할 때 팀장님이 제 말에 즉각 격앙된 반응을 보이시기보다는 조금 기다렸다 의견을 주시면 제게 도움이 될 것 같습니다."

의사의 반응을 보니 정신이 좀 든 것 같았다. 그가 바랐던 것은 어떤 우아한 해법이었다. 그 해법으로 하나의 '개방적인 피드백 문화'를 만들고자 했던 것이다. 하지만 상대의 요청을 잘못 이해하면 그건 종종 실망으로 이어진다. 그에게는 어쩌면 수련 기간 동안의 여러 순간을 기억하는 게 도움이 될 수도 있겠다. 그때는 자기보다 높은 사람과 상호 작용할 때 솔직하게 여과 없이 자기 의견을 말하는 것이 출세에 별 도움이 되지 않는다는 걸 배우지 않고도 알았을 테니 말이다. 관계에는 회색 지대를 끼워 넣는 것이 바람직하다. 그것은 비겁함이나 부도덕과는 관계가 없다. 이 의사의 부하 직원들도 이런 점을 이해하고 행동한다면 더 좋을 일이다.

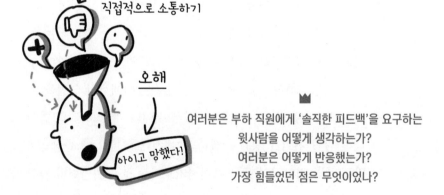

여과 없이
직접적으로 소통하기

오해

아이고 망했다!

여러분은 부하 직원에게 '솔직한 피드백'을 요구하는
윗사람을 어떻게 생각하는가?
여러분은 어떻게 반응했는가?
가장 힘들었던 점은 무엇이었나?

4
상사의 요청
거절하기

~~~~~~~~~~~~~~~~~~~~~~~~~~~~~~~~

최근 나는 어떤 CEO의 보좌역을 오랫동안 맡아 온 한 여성과 흥미진진한 대화를 나누었다. 양면 교차창이 있는 모서리 집무실의 한 힘센 남성 곁에서 감시자로서 그녀가 해야 하는 주요 업무의 하나는 해야 할 일과 하지 말아야 할 일을 구분하는 것이었다. 그리고 부탁에 대한 결과를 전달하는 일이었다. CEO의 집무실이 훌륭하게 운영되고 있다면 요청에 대한 답변은 당연히 예스보다는 노가 더 많은 법이다.

"중요한 것은 부탁한 사람에게 결과를 신속히 알려 주는 것이며, 거절의 답을 받은 분이 나중까지도 존중받았다고 느끼게 하는 일입니다. 다들 알다시피 사람의 만남이 한 번으로 끝나는 경우는 없거든요"라고 그녀는 말한다. 이 말은 실무 전문가의 분위기를 물씬 풍긴다. 부탁하는 사람에게 노라고 말하는 것이 뭐 그리 특별한 기술이냐고 생각할 사람도 있을 것이다. 하지만 윗사람에게 노라고 말하기란 일반적인 거절보다 훨씬 더 어렵다. 그가 누군가? 연말에 인사 평가를 하는 사람이다. 자기 보너스를 결정해 주는 사람이다. 직장 생활의 나날을 천국으로도 지옥으로도 만들 수 있는 사람이란 말이다.

이 보좌역은 그 문제도 잘 처리할 줄 알았다. 당연하지만 그런 만만찮은 순간은 늘 반복되었다고 했다. "CEO가 되면 노라는 대답과 자주 접할 기회가 없습니다. 그렇기 때문에 업무를 처음 시작할 때 저는 경계를 분명하게 설정해야만 했죠." 보스가 어디까지를 보좌역의 업무 범위라고 여기는지를 보좌하는 사람이 알고 있어야 한다는 말이다. 예컨대 그는 종종 CEO 가족의 여행 계획을 짜 주었다고 한다. 자신으로서는 그게 별 문제가 아니었지만, 누구든 그런 자리에 있으면 그런 사적인 일까지 해 줄지를 스스로 결정해야만 한다는 것이다. "하지만 다른 사적인 일의 경우 저는 노라고 했습니다. 처음에는 좀 불평을 하셨지만 제 뜻을 받아들여 주셨죠."

실제로 아주 멋지게 노라고 하려면 무엇을 눈여겨보아야 하는가? 첫째, '노'라고 대답하는 걸 학습해야 한다. 대수롭지 않은 일로 연습해 보는 것이 좋다. 둘째, 요청이 들어왔을 때 그 자리에서 대놓고 노라고 답하는 것은 피해야 한다. 아래의 여러 가지 또는 그 조합도 가능하다는 생각으로 토론에 들어가는 것이 더 좋다.

☆ 데드라인을 뒤로 미루고 새로 협상에 들어가기: 윗사람이 시키는 일에는 대개 최종 결과물이 언제까지 나와야 한다는 기한이 있기 마련이다. 그런 경우 시간을 좀 더 얻어 내 데드라인을 뒤로 미루어 보라. 예를 들면 이런 식이다. "이런 엑셀표 분석은 어려운 일은 아닌데요, 다른 업무가 있어서 시간이 2주 정도 더 필요합니다. 월말 경이면 끝낼 수 있을 것 같습니다. 그래도 괜찮을까요?"

☆ 해야 할 업무의 우선 순위를 상사와 새로 정하기: 추가로 떨어진 업무를 기존 업무 처리 순서에 어떻게 끼워 넣으면 좋을지 상사에게 물어보라. 예를 들면 기존 업무를 뒤로 미루면 어떠냐고 제안해 보는 거다. 이런 식으로 말이다. "새로운 일 때문에, 업무의 우선 순위를 좀 조정해 주시면 좋겠습니다. 고객에게 보내는 DM 작성을 2주 뒤로 미루는 건 어떨까요? 그러면 다 잘 처리할 수 있을 것 같습니다."

☆ 대안이 될 만한 자원이나 인력 제안하기: 어떻게 하면 여러분이 나서지 않고도 그 업무가 해결될 수 있을지 상사와 의논하라. "마감까지 여유가 있다면 그 일을 할 수 있을 텐데, 지금 제가 당장 처리해야 할 일이 많아서요. 팀 내에 당장 이 일을 맡아 줄 사람이 있는지 찾아보면 어떨까요?"

☆ 직접, 분명하고도 정중하게 노라고 말하기: 노라고 말하는 것이 적절한 선택지인 경우에는 이런 방식을 권한다. "죄송합니다만 지금은

그 업무를 처리할 수 없는 처지입니다. 현재 저는 시간적으로 한계 상황에 몰려 있어서요. 다른 해법을 찾아 봐 주십시오. 제 상황을 이해해 주시기 바랍니다."

자신의 근무 환경을 장악해 주도적으로 대처하라. 그리고 적절하게 노라고 말하는 법을 배우기 바란다. 연습을 해 본 다음 오늘 당장 상사의 난감한 요청에 노라고 반응하는 것으로 시작해 보라. 한 번 그렇게 한 다음부터는 상황에 맞게 카드를 꺼내면 된다. 이때 예스는 잊어버려야 한다.

여러분은 상사에게 우아하게 노라고 말하기 위해 어떤 처방을 준비했는가?
그 과정에서 어려움을 어떻게 극복했는가?

상사와의 유대감을 높이는
열 가지 방법

최근 나는 자갈이 깔려 있는 한 뜰에서 탐구적인 대화를 나누었다. 건설적이고 의미 있는 대화였다. 취리히 호수 저 너머 우뚝 솟은 글라르너산 풍광을 배경으로 상대는 나를 무장 해제시키듯 대놓고 이렇게 물어 왔다. "뭘 어떻게 해야 부장님과 제가 조직 내에서 원만하게 일할 수 있을까요?"

'간단하지만 꽤나 똑똑한 질문인 걸.' 내 내면의 목소리가 나지막이 속삭였다. 나는 속으로 내게 더 질문했다. '어떤 부분이 똑똑하다는 거지?'

'네 대화 상대는 직급이 낮은데도 불구하고 이 질문에 관심이 있고, 업무 관계에서 책임을 지려고 하기 때문이지. 그는 자기 스스로 뭘 할 수 있는지를 궁금해할 뿐 남이 뭘 해야 하고 뭘 할 수 있는지는 궁금해하지 않아. 상사의 행동에 구애받지 않고 자신의 행동을 상사에게 맞추려 한다는 것은 상사가 부하 직원을 어떻게 받아들이는가에 따라 협업의 퀄리티가 결정된다는 사실을 그 친구가 안다는 말이지. 어떻게 받아들여지는지는 내용적으로 차이가 클 수 있지만, 자기 자신에 대해 애정이 있고 상대가 그걸 알고 있다면 그런 차이는 중요하지 않거든.'

'네 생각에 동의해.' 나는 내게 조용히 속삭여 주었다.

나와 대화를 나누고 나서 그는 아래의 목록을 손에 쥐고 아주 만족스럽게 그 자갈 깔린 뜰을 떠났다.

★ 상사가 목표하는 지점에 이를 수 있도록 적극적으로 도우라. 그러려면 상사의 개인적인 목표와 조직 내에서의 목표를 이해할 필요가 있다.

★ 상사에게 조언을 구하라. 너무 자주 구하지는 말되 진정성을 갖고 물어보라.

★ 상사가 요구하는 것 이상으로 능동적으로 일하라.

★ 상사의 소통 스타일에 맞추어라. 상사는 당신과 비교적 자주 대화하는 편인가, 아니면 핵심적인 부분만 간단히 대화하는가? 상사가 선호하는 것은 이메일인가, 전화 통화인가 아니면 대면 대화인가?

★ 상사의 대인 관계를 존중하라. 상사가 원하는 것은 격식을 갖춘 관계인가, 아니면 격의 없는 교류인가?

★ "고맙습니다" 또는 "뭘요, 대단찮은 건데요"라고 말하라.

★ 자신에 대한 정치적인 지원을 기대하지 말라.

★ 상사의 보스와 소통할 일이 있을 때 조심하라.

★ 반박을 할 때에는 솔직하고 명쾌하게 하되, 둘만 있을 때 하라.

★ 성과의 기쁨을 상사와 공유하라.

여러분의 리스트에는 어떠한 내용이 들어 있는가?
윗사람과의 유대감을 높이기 위해 여러분이 할 수 있는 일은 무엇인가?

뻔한 말들이 발휘하는
효과

최근 나는 커뮤니케이션 분야에 종사하는 한 흥미로운 인물과 대화를 나누었다. 공동 워크숍의 뒤풀이에서 그는 내게 이렇게 말했다. "선생님은 오늘 우리들에게 아주 멋진 하루를 선물해 주셨습니다. 저를 가장 매료시킨 것은 거리감을 유지하면서도 친근함을 느끼게 하는 능력이었습니다. 이렇게 무례하게 표현해도 될지 모르겠습니다만, 그게 선생님의 기술인 거죠."

이 친구 말에 나는 세상이 다 행복했다. 헹가래를 받는 기분이었다. 칭찬에 감동해 나는 감사를 표했다. 당연한 일이지만 이런 피드백은 내가 받은 다음과 같은 다른 피드백보다 더 마음을 편하게 해 주었다. "당신의 블로그는 거의 마르틴 주터(1948년생. 스위스 태생의 카피라이터이자 작가—옮긴이)의 '비즈니스 클래스(스위스의 주간지 《벨트보헤(Weltwoche)》에 수록된 마르틴 주터의 칼럼으로, 경영인을 다룬 이야기. 후에 여러 권의 단행본으로도 나왔다—옮긴이)' 수준이지. 하지만 더 후지지."

차이가 느껴지는가? 어느 말이 맞는지는 사실 전혀 중요하지 않다. 의견이란 그냥 다를 수 있는 것이니까. 문제는 피드백이라는 것이 어떤 역할을 해야 하는가이다. 근무 분위기를 더 좋게 만들려 한다면 긍정적인 부분에 초점을 맞추는 것이 바람직하다. 그렇게 하면 어떤 일이 눈앞에서 펼쳐질까?

부서장 열 명을 상대로 "올해 직원에게 받은 피드백 중 가장 좋았던 것은 무엇인가"라고 물어보았더니 흥미진진한 결과가 나왔다.

☆ **부서장 1**: "팀장님과 함께 일하는 건 멋진 일 같아요. 팀장님은 시간이 없을 때 오픈하우스 방식을 써서 말씀하시죠. 제가 가장 좋았다고 느낀 점은, 근무 계획을 짤 때 아이들을 어린이집에 보내야 하고 남편도 맞벌이하는 저의 개인적인 처지를 배려해 주신 것이었어요."
☆ **부서장 2**: "팀장님이 내뿜는 안정감은 굉장합니다. 저희들에게 가르쳐 주실 때 보면 그 내용이 완전히 팀장님에게 내면화되어 있다는 걸 느낄 수 있습니다."

☆ 부서장 3: "주식회사 시카(Sika)와의 거래에 동참한 것은 저로서는 정말 대단한 일이었습니다. 멋진 직원들에 훌륭한 팀장님이 있는 우리 팀의 일원이라는 게 자랑스럽습니다."

☆ 부서장 4: "그 엄청난 다툼 속에서 제 말을 들어주시고는 곧장 그 자리에서 저를 데리고 나오셨죠."

☆ 부서장 5: "팀장님과 함께 있으면 절대 아무런 문제도 생기지 않습니다. 팀장님은 정말 믿을 수 없을 정도로 빠르시니까요."

☆ 부서장 6: "팀장님께 직접 전화를 걸어 즉각 전문적인 지원을 받을 수 있다니, 정말 끝내줍니다."

☆ 부서장 7: "팀장님은 한마디로 최고예요!"

☆ 부서장 8: "내가 CEO가 된다는 소식이 전해지자 모두가 바로 만세를 외쳤습니다. 마치 FC 바젤이 한 골을 넣기라도 한 듯 말입니다."

☆ 부서장 9: "팀장님이 계시기에 일할 때 늘 든든하답니다."

☆ 부서장10: "팀장님이 나서 주셔서 너무너무 고맙습니다. 지난봄, 정말 난감한 상황에 빠졌을 때 저를 구해 주셨죠."

직원들이 한 말이나 행동은 단순하고 그리 대단할 게 없다. 어찌 보면 뻔한 내용일 수도 있다. 그런데 그런 말들이 발휘하는 효과란 너무도 강력하여 연말에 부서장의 뇌리에 떠오를 정도다. 직접 경험한 일이 아니더라도, 나는 그 메시지 전달자들이 긍정적인 기억을 공유하고 있어서 근무 분위기가 잘 유지된다고 생각한다.

보스에게, 동료 직원에게 그리고 고객에게 진심 어린 사랑을 쏟아 보라.
(주의: 직원과의 관계가 좋지 않을 때에는 섣불리 시도하지 않는 게 좋다.)

7

상사와 해결해야 할 일
다섯 가지

~~~~~~

최근 나는 시계 제조업체의 사업단위 대표직을 맡고 있는 한 여성과 대화를 나누었다. 대학에서 천체 물리학을 전공한 그는 이 부문의 미래를 글로벌한 차원에서 갈아엎고 있다고 말할 수 있다. 속도, 열정 및 똑똑한 아이디어를 가지고 말이다. 우연히도 우리 두 사람은 어느 행사에서 한 테이블에 같이 앉게 되었다. 나는 그 행사에서 짧은 강연을 하기로 되어 있었다. 나의 강연 주제는 '2015년을 성공적인 한 해로 만들기 위해 상사와 나누어야 할 대화 다섯 가지'였다.

나는 즉각 그녀 앞에서 나의 천체 물리학 지식을 머리에 새로 담아보려 했다. "이제는 암흑 물질에 대해 아는 게 좀 많아졌나요? 어쨌든 그 암흑 물질이 전 우주 질량의 95%를 차지한다고 하니까요"
라고 질문한 것이다. 그는 "이왕이면 학자들 사이에 다소 안정적인
견해가 확립되어 있는 주제에 대해 물어보시지 않고…"라고 대꾸했
다. 내가 한 질문은 간단히 답할 주제가 아니라는 뜻이었다.

그의 말에 기꺼이 부응해 나는 다음과 같이 물었다. "빅뱅과 비교
할 때 지구의 나이가 도대체 몇 살이나 된답니까?" 그는 대수롭지
않다는 듯 전문가다운 대답을 내놓았다. "빅뱅은 137억 년 전에 일
어났죠. 지구가 존재한 것은 대략 45억 년 전이고요. 그러니까 지구
는 빅뱅과 비교하면 상대적으로 젊은 편이죠. 아직 삶의 절반도 살
지 못한 셈이니까요. 지구는 대략 60억 년을 더 살아갈 것입니다. 그
런 다음 태양이 사라지면 이곳 지구는 무지무지 추워지겠지요."

그 시점에 나의 강연 순서가 되었고 우리의 대화는 끝이 났다. 태
양이 더 이상 불타지 않는다면 지구는 어떻게 될지도 나로서는 흥
미로운 내용이었는데.

나는 본질적인 문제에 초점을 맞춰 강연을 풀어갔다. 개인별 사
업 목표를 결정하기 위한 대화는, 분명한 맥락에 근거하기보다 원
칙에 기대어 추상적으로 흐르기가 쉽다. 하지만 직원은 자기의 사업
목표가 윗사람의 시각에서는 어떤 의미를 갖는지 이해해야 한다. 그
래야만 자신의 목표가 조직의 목표 달성을 위한 수단임을 알 수 있

다. 아래의 다섯 가지 영역을 윗사람과 상의하면 그것을 분명히 알
수 있다.

★ **목표와 기대치**: 여러분은 원래의 목표가 뭔지를 일차적으로 알아내
야 한다. 나에게 기대하는 것은 무엇이며 나는 무엇을 달성해야
하는가, 단기 및 장기적으로 주어지는 시간은 얼마나 되나, 그 과
정에서 어떤 상황이나 결과를 가능한 한 피해야 하는가 등에 대
해 상사가 먼저 여러분에게 알려 주지 않는다면 말이다.

★ **변화의 필요성**: 그 목표 뒤에 조직 차원의 어떤 과정이나 동기가 있
는지를 발견하라. 상사에게 이렇게 물어보라. "회사 안에서 우리
팀 혹은 제 업무 영역에 변화가 필요하다고 보시는지요?" "이 평
가는 어떤 관찰과 판단에 기초하고 있습니까? 그리고 그것은 어
느 정도나 확실한 건가요?"

★ **자원**: 활용할 수 있는 인적 물적 자원에 대해 상사에게 물어보라.
그래야 목표의 우선 순위 및 실현 가능성을 평가할 수 있다. "활용
할 수 있는 재정 및 여타 자원은 얼마나 됩니까?", "저와 우리 팀에
대해 어떤 변화를 기대하시는지요?", "지금 진행하고 있는 일과 관
련해서 팀장님께서 구체적으로 어떻게 지원해 주실 수 있는지 궁
금합니다. 또 경영 관리팀에서 저를 도와 줄 수 있는지도요."

★ **협업 스타일**: 보스가 협업을 구체적으로 어떤 것이라고 생각하는지
알아보라. 그걸 알아야 한편으로는 신뢰 관계를 키우고, 다른 한
편으로는 상사의 개인적 기대에 부응할 수 있다. "어떻게 해야 잘

협업할 수 있을까요?" "팀장님이 저와 수시로 소통하실 때 제가 알려 드려야 할 업무 정보는 구체적으로 어떤 게 있을까요?" "제가 어떠한 목표에 도전하고 또 해낼 때, 팀장님은 어떤 기준으로 평가하고 어떤 부분에 관심을 가지실지 궁금합니다."

★ 팔로업: 대략 석 달쯤 지나면 팔로업을 해야 한다. 목표를 이루기 위해 진행해 온 일들을 보스가 어떻게 평가하는지 명확하게 파악해야 한다. 예를 들면 다음과 같이 질문하는 것이다. "제가 제대로 하고 있는 게 맞을까요?" "더 속도를 높여야 하는 부분이 있다면 말씀해 주세요." "혹시 우려되는 점이 있으신지요?"

유감스럽게도 천체 물리학을 전공한 그 여성과 더 대화를 나눌 기회는 없었다. 하지만 나는 그 뒤 인터넷을 뒤져 공부한 끝에 성과를 얻었다. 60억 년 뒤 지구가 종말을 맞이하기 직전 태양은 다시 한번 몸을 일으켜 거대한 적색 거성이 된다. 태양 가까이에 위치한 행성인 수성과 금성은 이 적색 거성에 삼켜져 파괴되고 만다. 지구도 비슷한 운명을 겪을 수 있을 것이다. 그렇게 되지 않는다면 지구는 생명체 없는 어둡고 차가운 바윗덩어리가 되어 수십억 년을 더 우주를 떠돌 것이다. 태양계를 포괄하는 우리 은하와 안드로메다은하가 충돌해 합쳐질 때까지 말이다. 그건 다시 또 100억 년이 더 걸리는 일이다.

그런 다음에는? 8천억 년 뒤 이 합쳐진 은하 내의 별들은 시간이

갈수록 내뿜는 빛이 서서히 약해진다. 1조 년이 지나면 전 우주 내의 가스가 소진되어 새로운 별은 더 이상 생성될 수 없다. 100조 년이 지나면 우주의 모든 별들은 사라지고 없을 것이다. 그때 남는 것은 어둡고 비활성적인 죽은 질량 덩어리다. 그건 별, 블랙홀 및 생명 없는 행성으로 만들어진다. 마지막의 것이 파괴되어 사라진다. 그리하여 마침내 모든 물질은 다시 기본 입자로 붕괴된다. 대략 1천조 년쯤 지난 뒤에.

♛

여러분은 상사와 상황을 명쾌하게 정리하는 대화를 나누는가?
그렇게 하지 못하도록 여러분을 뒤에서 잡아당기는 걱정거리는 무엇인가?

8

좋아하는 상사의 결점을
원만하게 지적하는 요령

~~~~~~~~~~~~~~~~~~~~~~~~~~~~~~

최근 나는 심각한 주제에 대해 아주 재미나게 대화를 나눈 바 있다. 나는 인사 관리 파트 부장급 여성 한 명과 어느 할인점의 와인바에 함께 앉아 프랑스 상세르산 와인을 마셨다. 여성은 자신의 지난 여름휴가에 대해 이야기했고, 술이 한 잔 두 잔 들어가자 몇 년 전부터 함께 일해 온 상사와 관련된 일화를 털어놓기 시작했다. 상황 묘사는 신명났지만 아첨성 발언은 전혀 아니었다. 그의 상사는 별 준비 없이 회의에 참석하는 게 다반사고 전문성도 거의 없는 데다 금방 초점을 놓쳐 버리고 멍한 표정으로 반응하며 알맹이 없는 피드백을 내놓는다고 했다. 그리고 자신의 기반 지식을 내세우는 데에 무척 신경을 쓴다는 것이다.

"상사로서는 사실 별 볼 일 없지만 저는 인간으로서 그 사람을 정말 좋아한답니다"라고 그는 간단하면서도 분명하게 말했다. 나는 '저런 처지라면 상사에게 뭐가 문제인지 알려 주는 게 더 좋지 않을까? 그리고 그게 아무런 성과가 없다면 다른 일자리를 찾아보는 게 더 좋지 않을까?'라고 생각했다. 그는 "저는 이 상황을 조심스럽게 다루지 않으면 안 됩니다"라고 말을 이어갔다. 나는 곧장 그런 조심스러움이 구체적으로 어떤 거냐고 물어보았다. 그는 목소리만큼이나 명료하고 일관되게 설명을 해 주었다.

☆ 중요한 것은 대화에 동참하는 일이다. 나는 상사에게 그런 공간을 제공함으로써 자신에 대해 뭔가를 말할 수 있도록 해 준다. 그는 스포츠광으로 하키와 테니스를 좋아하고, 거기에 더해 프랑스에 관심이 많다. 예컨대 롤랑 갸로 투어에 출전한 테니스 선수 로저 페더러는 내가 필수로 알고 있어야 할 대화 소재다.

☆ 그런 다음 나는 나 자신에 대한 이야기를 좀 늘어놓는다. 얼마 전에는 피레네 산맥에서 휴가를 보낼 계획을 짜면서 그 상사에게 조언과 멋진 아이디어가 있는지 물어보았다. 그러자 상사는 폭넓은 지식을 바탕으로 여러 조언을 해 주었다. 이렇게 대화가 흥미진진해지는 것도 내게는 도움이 된다.

☆ 미팅을 시작할 때 이미 나는 그가 시간 여유가 있는지 스트레스를 받고 있는지를 알아차린다. 이 미팅에서 어떤 주제를 꺼내고 어떤 걸 나중으로 미루는 게 좋을지를 그의 상태에 맞춰 결정한다.

☆ 회의 본론에서 나는 내 프로젝트를 포괄하는 메시지를 내놓는다. 또 전체 계획 중 현재 어디까지 달성되었는지를 우선적으로 언급한다. 질문과 반대의견은 감사하게 기억해 둘 뿐 세부적인 것까지 너무 깊이 파고들지는 않는다.

★ 내가 질문하는 경우도 가끔 있다. 그런데 의미 있는 답이 하나뿐인 질문이다. 논란의 여지가 있는 항목에 대한 불필요한 논의는 그런 식으로 피한다.

★ 결정이 필요한 일에 대해서 나는 가급적 간단 명료하게 설명한다. 그렇게 하면 그는 뭐가 문제인지 재빨리 이해한다. 세세한 것은 전혀 언급하지 않는다. 그의 전문가로서의 위신을 항상 존중하는 것이 내게 도움이 된다.

★ 가장 어려운 건 그가 주제에서 한참 벗어나 있을 때다. 이런 일은 쉽게 또 자주 일어난다. 그러면 나는 늘 그의 체면을 구기지 않으면서도 대화의 실마리를 본디 주제로 되돌릴 수 있도록 노력한다.

이 여성 부서장과 대화를 나누면서 나는 "하지만 그건 전혀 큰 문제가 아닌 걸요"라고 반대 의견을 내놓았다. "그냥 이야기 끊고, 상대가 엉뚱한 곳으로 빠졌음을 지적해 주는 거죠." 그는 좀 짜증스럽고 측은하다는 듯 나를 쳐다보더니 살짝 미소를 지으며 이렇게 말했다. "이야기 끊는 걸 좋아하는 사람은 없어요. 그리고 그렇게 말 자르고 끼어드는 건 결정권자의 자리에 있는 분, 특히 남성들이나 할 수 있죠."

인사 관리 전문가인 그의 이런 명쾌하고도 합리적인 관찰에 나는 깊은 인상을 받았다. 나의 반대 주장에 대해 그는 자신이 취하는 조치와 조작 간의 차이도 설명해 주었다. 그의 설명에 전적으로 동의하지는 않았지만, 그는 이야기를 다음과 같이 원만하게 마무리지었다.

"내가 선택한 조치는 상사에 대한 호의를 바탕으로 합니다. 능력이 좀 부족하다고 해서 인간적인 미움으로 확대할 필요는 없어요. 인간관계는 전체적으로 흑자여야 한다고 생각해요. 그렇지 않으면 상사와 늘 전투 관계에 놓이거나 상사가 얼마나 뜨뜻미지근한 존재인지를 증명하려 애쓰게 되죠. 그건 제 회사 생활에 근심과 정체를 안기는 독약 처방이죠."

이 여성 부서장의 이야기를 어떻게 생각하는가?
여러분은 능력이 부족한 상사를 어떻게 대하는가?

9

상사에게
레드카드를

~~~~~~

얼마 전 나는 항공 화물 업체에서 일하는 한 여성 중견관리자와 대화를 나누었다. 그는 비교적 젊은 편인데 최근의 우수한 성과를 바탕으로 현 위치로 올라섰다. 그는 회사 전반에 걸친 원가 절감 방안을 보고했고, 모든 부서장들에게 인력 절감, 즉 해고에 대해 구체적 조치를 내놓으라는 지시가 떨어졌다.

기업으로서는 특별한 일이 아니었지만, 그에게는 무척 마음 편치 않은 일이었다. 문제는 그의 상사가 내린 지시였다. 이 여성 관리자의 담당 부서뿐만 아니라 그 상사 직속의 타 부서장 담당 부서에 대해서도 그에게 의견을 내놓으라고 했기 때문이다. 그리고 나서 상사는 휴가를 떠나 버렸다. 자기가 관할하는 사업 부문 전체의 감원 목표에 부응할 해법을 기대한다는 말을 미리 못 박아 두고서 말이다.

상사는 자기가 당연히 책임져야 하는 업무를 떠넘김으로써 그 여성 관리자를 도구화했다. 이런 행동은 용납되지 않지만 늘 반복적으로 일어난다. 이렇게 일하는 상사라면 레드카드를 받아야 한다. 이런 일은 아직 충분히 노련하지 않은 상태에서 상사로부터 특별한 업무를 넘겨받았다고 좀 우쭐해지는 순간에도 일어날 수 있다.

이런 경우 상사에게 어떻게 말해야 할까?

그 여성 관리자는 다음과 같이 말해 볼 수 있을 것이다. "믿어 주셔서 감사합니다. 하지만 제 업무 영역 밖의 일이 아닌가 싶습니다. 실망을 드리고 싶지는 않지만, 제가 할 수는 없을 것 같아요. 그 일은 명확히 이사님 책임이며, 그래서 그 일을 추진하려면 이사님의 직급도 필요합니다. 그러니 양해를 바랍니다."

자기 업무가 아닌 일을 지시받아
여러분이 마치 도구처럼 쓰인다면
어떻게 반응하겠는가?

상사에게
레드카드를!

최후통첩은
최후에만 날리는 것

최근 나는 재미난 전화 통화를 했다. "우리 회사에는 저와 같은 직급의 다른 팀장이 있는데, 진짜 끝내주는 고문관이죠. 그런데 상사는 그 팀장을 그냥 놔두는 겁니다. 그래서 제가 상사에게 최후통첩을 날렸죠. 저를 택하든 그 고문관을 택하든 선택하라고 말입니다." 출세지향적인 커뮤니케이션 업무 담당 여성이 전화선 반대편에서 냉정한 목소리로 내게 한 말이다.

아, 사무실이라는 전투 지역에서 아주 똑 부러지게 선언을 하셨구나. 상사를 몰아 선택 버튼 앞에 세우다니. 나는 계속 주의를 기울여 그녀의 말을 들었지만, 그녀는 상사와의 대화에서 언제까지라는 기한은 언급하지 않았다. 엄격하게 보면 그건 최후통첩이 아니었던 것이다. 시간이라는 중요한 요소가 빠져 있으니까. 그렇게 생각하고 있는데, 반쯤 웃는 듯한 내면의 목소리가 내게 이렇게 말했다. '그래, 친구들 말이 옳았어. 너는 늘 무슨 척척박사처럼 군다니까.'

그의 이야기는 이렇든 저렇든 최후통첩이었다. 그런 최후통첩은 상황을 명료하게 정리하는 수단이기도 하고, 부담을 덜어 주는 효과를 낼 수도 있다. 하지만 역으로 사태를 악화시키기도 한다. 회사라는 조직에서 최후통첩을 날릴 때 지켜야 할 사항은 무엇인가? 그것은 이루고자 하는 목적이 무엇인가에 달려 있다.

그 최후통첩으로 목적한 바가 무엇이었느냐는 내 질문에 그녀는 다음과 같이 대답했다. "저를 더 이상 방해하지 말고 제 프로젝트의 발목도 잡지 말라는 거죠. 우리에게는 지키고 관철해야 할 품질 표준이 있어요. 그게 안 지켜지면 우리 조직은 대번에 무너지고 말 거예요." 이런 목표는 존중할 만하고 어쩌면 그 기업이 생존하는 데에도 중요할 것이다. 목표를 달성하는 데에는 적어도 수십 가지의 방법이 있다. 하지만 상사에게 특정 해법 하나만 요구할 경우 직원의 행동반경이 크게 제약된다. 그러므로 이런 상황에서는 단계적인 조치가 의미 있어 보인다.

1단계
☆ 자신의 상위 목표가 무엇인지 확인하라. 위 사례의 경우 핵심은 조직의 목표

를 제대로 따르지 않는 동료의 행태를 바꾸겠다는 것이다.

★ 그 상위 목표를 상사에게 전하고, 언제까지 그 문제를 해결해야 하는지 기한도 알린다. 위의 경우 여러분이라면 이렇게 말할 수 있을 것이다. "제가 그팀장과 더 이상 불필요하게 대립하는 일이 없도록 신경을 좀 써 주시기 바랍니다. 제가 볼 때 그는 현재의 행동으로 회사에 손해를 끼치고 있습니다만, 판단은 이사님이 하셔야겠죠."

★ 기한을 설정하라. "마냥 보고만 있을 수는 없습니다. 저는 이 일이 한 달 내에는 해결되어야 한다고 생각합니다. 그렇지 않으면 더 큰 어려움이 닥칠 수도 있습니다."

이런 1단계 조치들이 잘 작동한다면 좋다. 하지만 그렇지 않은 경우 상사에게 고전적인 최후통첩을 날린다.

2단계

★ 다음과 같은 식으로 분명히 요구한다. "우리는 이사님 부하 직원 한 분 때문에 업무에 사사건건 어려움을 겪고 있습니다. 그는 우리에게 손해를 끼치고 우리가 하는 일을 방해합니다. 저로서는 더 이상 그걸 보고만 있을 수 없습니다. 해결 방안이 나와야 한다고 봅니다. 그분이 누구나 느낄 수 있을 정도로 당장 행동을 바꾸든지 아니면 이 부서를 떠나든지 해야 한다고 생각합니다."

★ 기한을 언급한다. "늦어도 월말까지는 만족스러운 해결책이 나와야 합니다."

★ 어떤 결과가 나올 수 있는지를 알려 준다. "만약 그렇게 되지 않는다면 저는 저 나름대로 결론을 내려야겠지요. 단기적으로는 더 이상 그분과 함께 일하거나 상대하지 않겠습니다. 장기적으로는 다른 직장도 알아볼 것입니다."

★ 그런 결론을 실천에 옮긴다.

가장 중요한 것은 일관되게 행동하기다. 만약 통보한 대로 행동하지 않으면 여러분이 제기한 요구 사항은 연기만 내고 터지지 않는 불발탄이 되고 만다. 또한 이런 상황은 최후통첩을 날리는 사람의 신뢰도와 실행력에 비례하여 전개된다. 그건 어린 아이들도 다안다.

그 여성 부서장은 단번에 최후통첩부터 해 버렸고, 그럼으로써 상사에게 써먹을 수 있는 해결책 및 행위의 선택지 수를 제한해 버리고 말았다. 그런 방식이 최선의 선택이 되는 경우는 드물다. 하지만 느긋한 상사에게는 주도적으로 뭘 좀 해 보라는 분명한 신호로 작용할 수도 있다. 그 상사가 그렇게 했기를 바란다.

♕

직장 생활에서 여러분은 최후통첩과 관련하여 어떤 경험을 했는가?
그런 최후통첩은 어떤 효과를 갖고 있는가?
최후통첩의 효과는 언제 작동하고 언제 작동하지 않는가?

11

포인트를
정확히 물어보라

~~~~~~

최근 나는 그리 단순치 않은 대화를 나누었다. 내 맞은편에는 추월차선을 달리는 겸손한 사람이 한 명 앉아 있었다. 중요 인프라를 전국적으로 확장하는 일을 담당하고 있는 30대 초반의 남성인데, 바람 같은 속도로 리더십 능력을 이미 확보하고 있었다. 그의 계획은 최대 규모의 여러 건설 현장을 체계적으로 공략하는 것이었다. 그런데 얼마 안 가 가장 먼저 공사를 해야 할 대상이 바로 자기 자신이라고 생각하게 되었다. 스스로를 성찰하게 된 것이다. 그는 자신의 소통 방식에 문제가 있음을 깨달아 주변과의 상호 작용 방식을 직접적, 목표 지향적으로 그리고 상대를 격려하는 방식으로 바꾸었다. 그러자 주변에서도 그의 변화에 빠르게 적응해 주었다.

우리의 컨설팅 협력 기간이 끝나갈 즈음 그는 솔직하고 도전적으로 내게 "이제 저를 위해 해 주실 일이 뭐가 있으신가요?"라고 물었다. 정말 거침없다. 그러니 다음 이야기는 그를 위한 것이다.

그는 미국 드라마 〈하우스 오브 카드〉에 나오는 프랭크 언더우드처럼 거침없다. 프랭크는 권력이 뭔지 아는 노회한 정치가로, 체제의 꼭대기에 오르기 위해 온갖 수단을 다 쓰는 사람이다. 천재적 제작, 치밀한 플롯, 흥미진진한 편집에다 케빈 스페이시라는 탁월한 연기자가 주인공 프랭크로 등장한다. 한마디로 최근 몇 년간 나온 시리즈 드라마 중 최고다. 이런 주문형 비디오를 제공해 주는 기업 넷플릭스에 감사하지 않을 수 없다.

하지만 넷플릭스가 가진 특별한 점은 이 시리즈 드라마가 아니라 기업 문화다. 이에 대한 설명은 홈페이지(jobs.netflix.com/culture)에서 직접 읽어 보는 것이 좋다. 내부적으로 '키퍼 테스트(Keeper Test. 넷플릭스의 인재 관리 방식. 사표를 막을 키퍼가 나설 것인가 말 것인가의 테스트를 의미한다-옮긴이)'라 불리는 일상적 과정도 넷플릭스의 기업 문화인데, 부서장들은 정기적으로 이 과정을 거친다. 그들은 스스로 다음과 같은 질문을 제기해야 한다. (영어 원문을 필자가 자유롭게 운문체로 옮겨 보았다.)

내 부하 직원 중 누군가가 만약

우리와 비슷한 회사의 비슷한 자리로 가기 위해

우리 회사를 떠나겠다고 말한다면

나는 어떤 부하 직원을

떠나지 못하도록 붙잡아 두려고

애쓸 것인가?

키퍼 테스트의 핵심은 다음과 같다. 행동 지침에 따르면, 드림팀의 일원이 아닌 다른 모든 직원에게 퇴직 보상을 넉넉히 제공함으로써 그들이 자신에게 훨씬 더 적합한 일자리를 찾아 떠날 수 있도록 하고, 그리하여 자리가 비면 회사에서 꼭 뽑고 싶은 신규 직원을 드림팀의 일원으로 받아들이라는 것이다.

숨막힐 만큼 치밀한 과정이 아닌가. 이 정도까지 나아가기란 대다수 유럽 기업에게는 힘든 일이다. 유럽 기업에서는 많은 사람들이 너무 앵글로색슨 식이라고 말할 것이다. 그러면서 반년에 한 번씩 해야 하는 부하 직원과의 면담을 잘 써먹지도 못한 채 결론 없이 그저 아득하고 흐릿하며 두루뭉술한 말로 계속 시간만 흘려보낼 것이다.

그렇다면 핸들을 그 반대 방향으로 돌려 보면 어떨까. 면담 시간이 가까운 미래에 잡혀 있지 않은 경우라면 직접 그런 기회를 만들어 보라. 상사에게 면담을 요청해서, 정말로 중요한 포인트가 무엇인지를 정확히 물어보라는 말이다. 예를 들면 다음과 같은 식이다.

★ '키퍼 테스트'에서 하는 그대로: "저는 어떤 직원 그룹에 속합니까? 제가 우리 회사와 비슷한 다른 회사로 자리를 옮길지 말지를 놓고 고민하고 있다면 팀장님은 저를 붙잡으실까요?"

★ "팀장님이 모든 부하 직원을 고과 순서에 따라 명단에 기록한다고 해 보죠. 맨 위에는 가장 우수한 직원, 맨 아래에는 최악의 직원 이름이 들어가겠지요. 저는 이 목록에서 어디쯤에 있습니까? 몇 번째인지 아니면 어느 정도의 영역에 제가 들어 있는지 좀 알려 주십시오. 최하위입니까? 아니면 최상위인가요?"

★ "이 목록에서 눈에 띄게 위로 올라가려면 제가 구체적으로 뭘 해야 하는지 세 가지 정도 알려 주십시오."

나는 그 젊은 리더에게 앞으로 직장 생활을 하는 동안 키퍼 테스트의 드림팀에 속하기 위한 이 질문을 잊지 말라고 알려 주었다. 용기가 있어야 할 수 있는, 쉽지 않은 일이다. 딱 꼬집어 뭘 묻는 것은 상사로서 감당하기가 만만찮은 일이라는 것도 알아야 한다. 그렇기 때문에 즉각 명쾌한 답변을 내놓지 못한다 해도 그건 양해해 주어야 한다. 늦어도 매년 갖는 면담 시간 무렵에 다시 한번 반복하면 되니까. 하지만 그만두면 안 된다.

여러분은 상사의 근무 평정 및 직원 면담과 관련하여 어떤 경험을 했는가?
면담을 통해 얻어 낸 효과는 무엇인가?
면담 내용과 결과에 만족하기 위해서는 어떤 형식과 절차가 필요한가?

제 3 장

비판에 어떻게
대응할 것인가

그건
별로였다네!

비판에는
어떻게 대처하지?

이번 장에 수록된 글은 비판에 대응하는 능력 문제를 다루고 있다. 상사가 부하 직원에게 하는 비판뿐만 아니라 직원이 상사에게 하는 비판도 포함된다. 직장 생활에서 피드백이 얼마나 중요한지 생각해 본 적이 있는가? 그리고 부정적인 피드백에 자신이 어떻게 반응하고 있는지에 대해 생각해 본 적은 있었는가? 예를 들어 4번 이야기는 중년의 직원들이 비판을 받아들이는 태도를 다루고 있다.

비판이란 직장 생활을 구성하는 말할 수 없이 중요한 요소다. 누구든 언젠가 한번은 비판을 받는 법이다. 그건 아주 정상이며 당연한 일이기도 하다. 자신에게 최선의 것이 되도록 만들면 될 일이니, 비판 받을까 두렵다고 자신의 견해 밝히기를 망설일 필요는 없다.

상사가 나를 비판하는데,
어떻게 하지?

얼마 전 나는 보험회사 직원 한 명과 산뜻한 대화를 나누었다. 물류산업 분야의 거대 위험을 관리하는 최고의 직원이었다. 그는 해당 분야 전담 직원답게 높은 실무 능력을 갖추었지만 그의 상사는 그의 여러 소프트 스킬(업무 능력 외의 대인 관계, 태도, 감성 등 여러 인간적인 능력－옮긴이)은 더 발전이 필요하다고 보았다. 상사는 이런 견해를 얼마 전 그에게 문서로 통보했다. 그는 곧장 컴퓨터 앞에 앉아 자신의 분노를 세 쪽짜리 대응 문건 형태로 작성했다.

그러니까 우리가 그 대화에서 다룬 주제는 회사에서 요구하는 피드백과 비판에 훌륭하게 대처하는 방법이었다. 사실 까다로운 대화였다. 나의 확신이기는 하지만, 그 직원은 오늘날까지도 내가 자기 상사와 은밀히 내통하는 관계라고 여긴다. 여러 번 해명을 시도했음에도 그는 어찌 보면 좀 통례에서 벗어난 나의 시각을 전혀 받아들이려 하지 않았다. 내가 뭐라고 했을까?

중유럽 문화권의 대다수 사람들은 자신의 행동을 비판하는 말에 대해 조심스럽고 때로는 방어적인 태도를 취한다. 특히 따로 요청하지 않았는데도 부정적인 피드백이 오는 경우 더욱 방어적이 된다. 그런 비판을 수용하려면 근육을 좀 만들어 둘 필요가 있다. 비판을 이겨내고 훌륭하게 출세하고 싶은 사람은 의도적으로 목표를 정해 근육 만들기 훈련을 해야 한다는 말이다. 여러분이 그렇게 할 생각이 있다면, 다음의 조치들이 쓸모 있을 것이다. 그 보험회사 직원에게도 당연히 그럴 것이다. 만약 이런 문제가 그에게 다시 일어난다면 말이다.

☆ **직접적이고 즉각적인 반응을 잠시 멈추고 숨 고르기:** 누군가에게 비판을 받은 뒤에는 의도적으로 그렇게 해야 한다. 아무런 행동도 하지 말라. 그렇다, 아무 것도 하지 않는 거다. 마음속에서 무슨 일이 일어나는지 3~4초 정도 그냥 감지해 보는 것이 좋다. (화가 어떻게 올라오는지, 최초의 반박 반응이 어디에서 나타나는지 등을 느껴 보라는 것이다.)

☆ **물어보기:** 나를 비판한 사람이 할 말을 끝까지 다 하도록 한다. 캐물어 보는 것은 괜찮다. 자신을 정당화하거나 이유를 대거나 해명하려는 시도는 피하자. "네, 그건 정말 특별한 순간이다 보니 저

로서는 그렇게 처리하지 않을 수 없었습니다"라는 식의 말은 하지 않는 것이 좋다. 그 대신 관심을 표명하자. 앞서 얘기한 보험사의 그 직원은 이렇게 표현할 수 있었을 것이다. "팀장님 말씀에 따르면 제가 좀 오만하다는 인상을 주며 부정적 태도를 보인다는 거군요. 그 점에 대해 좀 더 말씀해 주시면 좋겠습니다. 항상 그렇다는 건가요, 아니면 특별한 상황에서 그렇게 한다는 말씀인가요?" 정말 흥미를 느낀다면(그렇지 않다면 하지 않는 게 더 좋다) "팀장님이 보시기엔 제가 과연 어떻게 행동하는 게 좋을까요?" 이때 목소리가 반대 심문한다는 느낌이 들 정도로 올라가지 않도록 주의해야 한다.

★ **고맙다고 말하기**: 상대가 말하려는 핵심이 무엇인지 이해했다면 토론은 필요 없다. 분석도 하지 말고, 반론도 제기하지 말고, 정당화도 하지 말자. 그냥 이렇게 말하면 된다. "이렇게 피드백을 해 주시니 고맙습니다. 그게 저에게는 간단한 일이 아니라 일단은 좀 소화할 시간이 필요한 것 같습니다." 비판을 그냥 비판 그 자체로, 다른 사람이 그렇게 느꼈구나 라고 받아들이는 것이다. 그러니 고맙다는 말은 상대방의 말을 수용한다는 뜻이 아니라 피드백을 준 데 대한 인사인 셈이다.

★ **피드백의 의미를 제대로 소화하기**: 조용한 시간에 그 피드백의 핵심 내용에 대해 곰곰이 숙고해 보라. 비판 속에 들어 있는 자신의 문제점을 고쳐 볼 생각이 든다면 여러분이 잘 되기를 바라는 믿을 만한 사람들과 그 피드백의 내용에 대해 더 상의해 보라. 기분이

유쾌한가? 그렇다면 분명하고 단순한 행동 방식 한두 가지를 정해 한 달 동안 하루에 열 번 그걸 실천해 보라. 예를 들면, 모든 상호 작용을 할 때 2~4초 가량 기다렸다가 대답하기 같은 것이다. 거기에 더해 내가 바라보는 나의 모습과 타인이 바라보는 나의 모습 사이에 왜 그렇게 큰 불일치가 생기는지를 객관적으로 세세하게 자문해 보자.

그 보험회사 직원은 실수를 저질렀다. 해결의 단서도 없이 상대의 비판에 반박하는 글은 분명 상황을 악화시키는 요소다. 거기에 담긴 메시지는 '나는 당신의 시각에 관심 없으며 그 상황을 당신과는 전혀 달리 평가하고 있고, 따라서 나의 그 어떤 면모도 바뀌지 않을 것'이라는 얘기다. 안타까운 일이 아닐 수 없다. 피드백 및 발전을 위한 제안을 훼방 놓는 짓이라 여기는 직원이 또 한 사람 늘었으니 말이다. 그리고 스스로 옆길로 샌 것이다. 고용 계약을 해지할 때가 되면 그는 아마도 왕따 당했다는 말을 입에 올릴 것이다. 그건 비판에 대처하는 지적 능력이 부족하다는 말이다. 그 직원에게도, 그의 상사에게도, 회사에도, 이 세상에도 다 손해다. 달리 접근했더라면 관련된 모든 이가 만족할 만한 결과를 찾을 수도 있었을 텐데….

피드백의 핵심 내용이
무엇인지 숙고하기

피드백 소화하기

여러분은 상사에게 어떤 비판을 받아 보았는가?
그러한 비판에 대한 여러분의 '성공 처방'은 무엇이었는가?
여러분의 연락을 반가운 마음으로 기다린다.
위에서 내린 처방을 적용해 본 이야기도 들어 보고 싶다.

건설적인 상호 작용에는
어떤 기술이 필요할까

최근 나는 한 사무용 건물의 계단실에서 전 세계로 상품을 수출하는 스위스 중견 기업의 간부와 활력 넘치는 대화를 나누었다. 사무실 건물이 많이 들어선 스위스 폴케츠빌(취리히 인근), 외를리콘(취리히의 동네) 또는 슈프라이텐바흐(취리히 인근) 같은 소도시(이들 소도시에는 취리히와의 근접성으로 인해 다수 기업의 사무실이 자리잡고 있다-옮긴이) 어디에서나 볼 수 있을 법한 건물이었다.

스위스 남부 왈리스 출신인 그 간부는 자신감 넘치고 정이나 유머도 많은 사람이었다. 그가 맡은 사업부에서 올리는 매출이 연간 약 1천만 프랑이니 결코 적지 않았다. 하지만 내게 넌지시 알려 준 바에 의하면 그것이 그가 잡고 있는 깃대의 끝이 아니었다. 그는 현재의 성취에 만족하지 않고 훨씬 큰 목표를 정해 두고 있었다. 출발은 아주 우호적이었다. 나는 그에게 경영 관리자의 길을 갈 때 필요한 주요 사항들을 일러 주려 했지만 그는 내 말을 전혀 받아들이려 하지 않았다. 문헌에도 '문제 해결 지향적 태도'라는 훌륭한 마법의 말로 반복적으로 기술되어 있는데도 말이다.

그 간부는 기업의 향후 3년간 로드맵 같은 것을 짜는 경영 관리 팀의 일원이었다. 꽤나 긴 회의에 나는 코치 자격으로 참석해 있었는데, 참가자들은 각각 자신이 만든 파워포인트 차트를 이용해 아이디어를 발표했다. 발표 내용들이 어찌나 훌륭한지 모두를 황홀경에 빠뜨리기에 부족함이 없었다. 그때까지는 다 좋았다.

이 회의에서 특별했던 점은, 왈리스 출신의 그 간부가 참가자들의 발표 내용을 아주 정확히 받아들였다는 것이다. 그것도 아주 세부적인 내용들을 비판적이고 부정적으로 말이다. 우호적이었던 내 생각과는 전혀 다른 모습이었다.

결국 일어날 수밖에 없는 일이 일어나고 말았다. 그는 '충분히 좋다'라는 표현이 사실에 부합하는가 아니면 '매력적으로 좋다'라고 쓰는 게 더 좋은가를 놓고 30분 가량 토론을 했다. 그러자 결국 일어날 수밖에 없는 일이 일어나고 말았다. 묵묵히 견디고 있던 사장이 그만 폭발하고 만 것이다. 사장은 세세한 것에 집착하는 그 간부의 태도에 대놓고 화를 냈다. 잠깐 인위적 휴식(스포츠에서 말하는 타임아웃)을 취할 수밖에 없는 상황이었다. 우리는 모두 카페테리아 쪽으로 걸어갔다. 그 간부와 나는 우연히도 함께 계단실을 통과하는 길을 택했다. 거기서 우리는 잊지 못할 대화를 나누었고 나는 황당해하며 그 장소를 떠났다. 그는 자신의 상호 작용 스타일이 얼마나 파괴적인지를 전혀 모르고 있을 뿐만 아니라 나의 조언도 받아들이지 않았던 것이다.

파워포인트를 이용해 프레젠테이션을 하는 동안의 건설적인 상호 작용 스타일이란 어떤 모습일 수 있을까? 계단실 대화에서 나는 다음의 세 가지 가능성을 언급했다. 그 간부는 당시에도 귀 기울여 듣지 않았고 이 글도 분명 읽지 않을 것이니, 여러분에게 직접 묻는다.

☆ **아무 말 않고 침묵하기**: 대체로 동의하는 내용이라면 아무 토도 달지 말고 바꾸라는 제안도 하지 말라. 가만히 있는 것이 가장 좋다. 아니면 그냥, 눈앞에 있는 것이 적당해 보인다고만 알려 주면 된다. 여러분의 직접적 이해와 관련될 때 또는 조직 전체의 중요한 양상과 관계될 때에만 개입하라.

☆ **구체적 해법 제시하기**: 만약 여러분이 개입해야 하는 상황이라면 즉각 해결 방안도 같이 내놓아야 한다. 상대방 또는 타 사업부문에 대해 대안 없이 노라고 하는 것보다 더 일을 그르치는 짓은 없다. 그러니 여러분의 비판적 발언에 구체적 아이디어, 즉 여러분이라면 어떻게 달리 할 것인지를 덧붙여야 한다.

☆ **셀르통키팰라무지크(C'est le ton qui fait la musique)**: 맞다, 소리가 음

악을 만든다는 말이다. 여러분도 분명 알고 있겠지만, 때로는 누가 무슨 말을 하는가보다 어떤 식으로 말하는가가 중요할 수 있다. 갈등의 요소가 잠재된 토론에서는 특히 그렇다. 다음 두 문장으로 여러분이 직접 테스트해 보기 바란다. "제 견해는 다릅니다. 저는 A 대신 B라는 해법을 제안합니다"와 "이제 A라는 제안이 나왔는데, 긍정적 측면이 다수 있습니다. 저는 그걸 보완해 주는 아이디어를 하나 더 제시하는 바입니다. 이것 역시 많은 장점을 갖고 있습니다. 말하자면 해법 B인 셈인데, 다음과 같은 모습입니다 …." 여러분 눈에 좀 차이가 있어 보이는가?

이런 상황에서 필요한 주문이 곧 '문제 해결 지향적 태도'이다. 그런 태도는 상대의 견해를 존중하는 가운데 자기 아이디어를 잘 포장해 제시하는 방식에 초점이 맞춰진다. 중요한 주제에는 별 상관이 없는 지엽적인 사항(위의 예에 나타난 말꼬투리 잡기)에 초점을 두는 것과는 반대된다. 똑똑한 보스는 문젯거리를 가져오는 사람을 마치 악마가 성수를 본 듯 피한다. 대신 얼른 새로운 방법과 처리 방식이 떠오르면 기뻐한다.

상급자의 부하 직원으로서 여러분은 문제의 일부가 되려는지 아니면 해결 방안을 함께 만들어 가는 사람이 될 것인지를 항상 선택할 수 있다. 왈리스 출신의 그 간부는 계단실에서 내가 특별히 나서 주었음에도 불구하고 고집스레 첫 번째 경우에 머물렀다. 요즘 그를 만나려면 다른 건물의 계단실로 가야 한다. 안타까운 일이다.

문제의 일부가
되지 말고

해결 방안을
함께
만들어 가라

여러분은 토론할 때 비판적인 말을 어떤 식으로 표현하는가?
여러분은 비판에 대해 어떤 경험을 했는가?
어떤 게 잘 먹히고 어떤 게 잘 먹히지 않았는가?

잘 들을 줄 아는 건
큰 재주

얼마 전 나는 스위스 서부의 한 생명과학 기업체 개발실장과 대화를 나누었다. 이 회사는 성공가도를 달리고 있는 국제적 기업이며 수출 비중이 90%가 넘는 대단한 기록을 갖고 있다. 우리는 최신식에다 반짝반짝 윤이 나는, 다소 미래주의적 분위기를 풍기는 방에 앉아 있었다. 건물 바깥에서는 암소들이 맛난 풀에 푹 빠져 있어 사무실 분위기와 대조를 이루었다. 스위스를 대표하는 두 산업 분야가 공간적으로 저렇게나 가까이 있는데, 거기서 창조되는 가치는 이렇게나 다르다니!

스위스 사람으로 아직 오십이 채 안 된 이 중견관리자는 정이 많고 친절한 데다 훤칠하고 인물도 잘 생긴, 정말 매력이 넘치는 사람이었다. 몸에 착 달라붙는 이탈리아 양복을 차려입은 그는 통계 수치와 파워포인트 자료를 깔아 놓고서 최신 제품의 성공을 열정적으로 설명하고 있었다. 그 회사의 성공은 기술 측면에서 완연히 뒤쳐져 있는 경쟁 업체와의 비교에서 특히 돋보였다. "우리는 나노 분야에서도 상품화를 준비하고 있습니다. 이 정도까지 생각하는 사람들은 아직 아무도 없습니다." 승리에 도취한 듯한 그의 말이 회의실 안으로 울려 퍼졌다.

탁월한 세일즈 토크였다. 고무적이고, 객관적인 자료가 잘 반영되어 있으며, 설득력이 있었다. 물론 나는 기술적인 세부 사항은 검증할 수도 이해할 수도 없었다. 마음속으로 '주식 투자 상담을 좀 받아야겠군. 어쩌면 하늘이 부자 될 기회를 내려 주는 건지도 몰라'라고 생각했을 뿐이었다.

하지만 개발실장의 상사는 "경청은 그 자체로 중요한 문제지요"라는 말로 상담을 청해 왔다. 이어서 "그 친구의 논리는 대체로 설득력이 있습니다. 전문성 면에서는 최고이지요. 그러나 다른 사람의 견해에는 별 관심을 보이지 않습니다. 적어도 내가 그의 상대방일 때 관심이 느껴지지 않는다는 말이지요"라고 지적했다.

여러분은 경청하는 편인가? 다른 사람의 말을 경청하는 타입인지 아닌지를 평가하는 사람은 여러분 자신이 아니라 주변에 있는 사람들이다. 그래서 개발실장은 개인적으로 가장 중요한 이해 관계자들을 접촉해서, 자신이 뭘 어떻게 하면 사람들이 '저 친구가 우리 말에 귀를 기울이는구나'라고 느낄지를 물어보았다.

그런 다음 개발실장은 다음 5개 항목 훈련법으로 경청하는 연습의 첫발을 내딛었는데, 매우 도움이 된 것으로 드러났다. 이 지침은 적어도 하루 한 번 이상의 대화에 의식적으로 적용해야 한다.

- ☆ 대답하기 전에 일단 기다린다. 적어도 2초 정도. 이 시간을 활용해 심호흡을 하라.

- ☆ 다른 사람이 한 말을 반복한다. 그것도 그가 한 말과 똑같이. 다른 것과 연관 짓기(그러니까 아주 큰 주제를 언급하는 거군요. 말하자면 전쟁과 평화 같은), 해석(내가 이해하기로는, 분명 전혀 다른 어떤 것을 의미하는 것 같아요) 및 평가(그건 틀렸어요/옳아요)의 표현을 가능한 한 피하라.

- ☆ 특정 어휘는 다른 것으로 대체하라. 예를 들어 '하지만' 대신 '그리고'를 쓰는 것이다. "그건 틀렸어요/옳아요"라고 말하지 말고 "그 점에서 나는 그 말에 동의해요/동의하기 어려워요"라고 말하라는 것이다. '노'라는 말은 피하라. 이건 긍정적인 작용을 하지 않기 때문이다.

- ☆ 추가로 물어보라. "큰 갈등이라고 말하는데, 팀장님이 보시기에 누가 거기에 관여되어 있는 걸까요?"

- ☆ 자기 발언 시간을 상대방과의 전체 상호 작용 시간의 1/3 이하로 유지하라.

여러분도 경청하는 습관을 갖고 싶다면 이 훈련 과정을 실천해 보라. 덧붙이자면, 상대방의 관점에 실제로 관심을 가지는 것이 도움 된다. 다른 사람들이 끝까지 말할 수 있도록 배려하는 것도 좋다.

처음에는 모든 게 어색하다는 느낌이 들겠지만, 석 달쯤 지나면 자동적으로 일상적인 태도가 될 것이다. 그 개발실장은 얼마 전 이메일로 '벌써 효과가 있네요'라고 알려왔다. '정확히 어떤 효과가 있다는 거죠?'라고 나는 추가로 물어볼 것이다.

여러분은 다른 사람의 말을 잘 들어 주는 태도를 갖고 있는가?
실제 사례로 점검해 본 다음 몇몇 동료들에게 물어 보라.
여러분에게 1점(심각한 수준)에서
10점(가장 훌륭한 수준)까지의 평점 중 몇 점을 줄지 말이다.

4
나이 오십 먹은 직원들과 겪는 수난

~~~~~~~~~~~~~~~~~~~~~~~~~~~~~~~~~

최근 나는 동료, 친구와 레스토랑의 원탁에 둘러앉아 담소를 나눈 적이 있다. 그 자리에는 얼마 전 스위스의 한 기계 제조업체 영업 조직을 넘겨받은 친구가 있었다. 그는 자기 일에 열심히 매달렸다. 그러다 곧 들보가 썩어가고 있음을 알게 되었다.

그는 "발을 내딛으면 바닥이 꺼지는 거야. 썩은 나무라도 밟은 듯 말이야"라고 말했다. "우리 조직에는 뚜렷한 방향성이 부족해. 당연히 내가 더 많은 상담과 서비스를 제공해야겠지. 하지만 사람들 태도를 보면 이 조직을 개선하는 게 불가능할지 모르겠다는 생각이 들어. 어떤 때는 자신이 속한 조직에 아예 관심이 없어 보이거든. 재무상으로 흑자가 제로에 이르고, 중국 재벌 기업이 우리 경쟁 업체 두 곳을 인수해 버리면 그들의 인생은 분명 더 간단치 않은 쪽으로 가게 되겠지."

그는 이 이야기에 전임자가 20년 넘게 이 사태의 주인이었다는 핵심 포인트를 덧붙였다. 사무실의 활기는 그가 은퇴하기 전 5년 동안 눈에 띄게 감소했다고 했다. 무엇보다 키우는 개의 질병이 악화되면서 전임자의 신경질이 도졌고, 매주 화요일엔 개를 사무실로 데리고 왔다는 것이다. "마누라가 네일아트 숍에 가야 하는데, 거기는 반려동물 출입이 금지되어 있어서 말이야"라고 말하면서. 이 정도면 근무 분위기가 정말 태만한 것이다. 전임자의 부하 직원들은 사무실에서 각자 자기가 하고 싶은 일에 푹 빠져 있었다.

나는 '몇 년 동안 환기를 하지 않아 먼지가 수북한 방이라는 말처럼 들리는군'이라고 생각했다.

"팀장이 그러면 곤란하지!"라고 참석자 한 사람이 기분이 좋은 듯 크게 외쳤다. "이제 팀장은 보스잖아. 팀장이 모든 사람들과 대화를 해야 한단 말이지." 영업팀장 친구는 약간 입을 삐죽거리며, 모든 직원의 인사 기록을 당연히 보았다고 대꾸했다. 모두가 여러 해 동안 하나도 빠짐없이 우수 또는 최우수 근무 평점을 받은 것으로 되어 있었다고 했다. 그러면서 그는, 그들의 실적이 실제 사업상의 요구 수준에 미치지 못한다는 것을 누군가가 명확히 알려 주어야만 한다고 지적했다. 그래, 새로 보스가 되어도 전혀 부러울 게 없네.

영업팀장은 생각에 잠겨 있다가, 부하 직원 한 사람과 대화를 나누었다고 입을 뗐다. 그 직원에게 본인의 직업적 미래를 어떻게 보는지, 직업적 발전을 위해 어떤 계획을 갖고 있는지 물어보았다는 것이다. "그런데 그 직원이 뭐라 대답했지?"라며 일행 한 명이 캐물었다. 대형 모니터에서 벌어지는 크리켓 게임에 눈길을 준 채. "그 직원 말이, 자신은 아무런 계획도 없고, 나이도 있고 해서 어떤 계획을 세우겠다는 생각도 없다는 거야." 그러고는 사무실을 나서며 사람 좋게 팀장 어깨를 두드리며 이렇게 말했다고 했다. "내게는 지금 이대로가 맞아요. 무슨 변화를 줄 필요가 전혀 없죠."

그렇다. 그 직원에게는 그게 맞았다. 같은 무리에 속하는 다른 이들도 마찬가지였다. 하지만 그 사람들이 신경 쓰지 않은 게 있다. 회사에는 그런 직원이 더 이상 맞지 않다는 사실이다. 상황은 계속 바뀐다. 신임 팀장이 말을 이어갔다. 여직원 한 사람을 콕 집어 특화된 보수 교육을 받으라고 권했는데 이렇게 말하며 거절하더라는 것이다. "제겐 그거 필요 없어요. 이미 여러 번 그 과정을 이수했거든요. 그런 거 교육 받을 나이는 지났죠."

늘 그랬다시피 조직 내에는 버튼만 누르면 튕겨나갈 자리에 앉아 있으면서도 자기가 그런 상황에 있는 줄 모르는 사람들이 있다. 하지만 그 누구도 그런 상황에 태평스럽게 대처해서는 안 될 것이다. 조만간 버튼이 작동하면 어쩌려고!

그 팀은 신임 팀장에게 다음 세 가지 질문을 제기함으로써 집단의 고통을 줄일 수 있다.

☆ 신임 팀장인 당신과 함께하면 우리에게 앞으로 어떤 변화가 일어나는가?

☆ 그런 변화가 일어날 경우 당신은 내가 어떻게 이바지해 주기를 기대하는가?

☆ 그런 상황에서 당신을 뒷받침해 주려면 나는 무엇을 해야 할까?

버튼만 누르면 **팅겨나가는** 의자에
태평스레 앉아 있다니, **그건 안 돼!**

여러분은 어떻게 생각하는가?
이 신임 팀장과 그의 아이디어에 부하 직원들은
어떤 태도를 취해야 할까?

개인적인 공격에
어떻게 대처할 것인가

최근 나는 부동산 컨설팅 업체에 근무하는 여성 직원 한 명과 대화를 했다. 우리가 나눈 이야기는, 서로 견해가 다르더라도 상호 존중하는 가운데 교류하려면 어떻게 해야 하는가였다. 그 직원의 고민은 다음과 같았다. "제가 나름의 의견을 주장하면 동료 남성 직원 한 사람이 제 의견과는 무관하게 사사로이 저를 깔아뭉개는데, 그런 경우 정말 견디기 힘들 때도 있어요. 무뇌충이라는 말까지 들었다니까요."

그런 상황에서 어떤 반응을 할 수 있는지에 대해 우리는 재미나게 이야기를 나누었다. 그러다 마침내 그 여성은 내게, 나 같으면 그런 경우 어떻게 반응할 거냐고 물어왔다. 나는 얼마 전에 받은 이메일 한 통의 내용을 말해 주었다. 다음과 같다.

"안녕하시오. 열 받게 하는 게 최고! 내용은 중요한 게 아니지.
이 시대가 정말 그렇다는 겁니다.
그런 근무 환경의 회사들, 당연히 있습니다.
그러나 모자라는 무능력자들이 늘 하는 짓거리라는 식으로
마구 일반화하는 건 아니죠. 선생은 그런 멍청한 도발로 계약을
따낼 수 있다고 생각하는가요?
내 말이 기분 나쁘시겠지….
하지만 이제 '타기(Tagi. 스위스의 가장 유력한 전국일간지
〈타게스-안차이거(Tages-Anzeiger)〉를 줄여 일컫는 말. 저자는 이 미디어
그룹의 블로그에 글을 올렸다 — 옮긴이)'에서의 기회는 포기하시죠.
외모가 이제 거의 50대 수준이시니, 어쨌든 '잘 늙어 가시기'를 바랍니다.
그리고 더 유연해지시기를.
아니, 선생께는 뇌가 더 많아지기를 바라는 게 더 좋겠군요."

나는 이 이메일을 이해하는 데 한참 시간이 걸렸다. 이 글은 내가
블로그에 올린 '나이 오십 먹은 직원들과 겪는 수난'이라는 글(바로 앞
에피소드)과 관련된 것이었다. 그 글에서 내가 분명하게 밝힌 내용은
팀장의 권유를 거부하는 방식으로 표현된 공격성에는 팀장도 대응
을 해야 한다는 것이었다. 그걸 이 사람이 엉뚱하게 받아들인 게 분
명했다. 여기에 어떻게 반응해야 할까? 무시하는 것도 하나의 선택

지다. 하지만 이런 메일로 의견을 표현하게 만든 그 사람의 에너지에 고무되어 나는 컴퓨터 자판을 두드려 다음과 같은 답신을 썼다.

"C씨 귀하.
안녕하세요. 귀하의 반응에 감사드립니다.
저의 블로그 글이 귀하 또는 다른 어떤 분에게
혹 상처가 되었다면
그것이 제 의도가 아니었음을 알려드립니다.
이런 블로그 형식에서는 수많은 면모를 지닌 하나의 현상을
짧게 일반화하여 기술하게 됩니다.
이런 일반화는 당연히 허용되지 않는 일이지만,
블로그라는 포맷은 간결성과 압축성을 요구합니다.

내용에 대하여: 그 블로그 글에서 본질적으로 말하고 있는 것은,
우리 인간이 여러 경제적 변화를 어떻게 받아들일 것인가라는 문제입니다.
저는 그 문제에 대해 직원들이 보인 여러 반응 이야기를
얼마 전에 들었습니다.
제 귀에는 비슷한 일에 대한 말들이 반복적으로 들리거든요.
그래서 말인데, 맞습니다. 그건 일종의 도발로, 누군가를 일깨운다는
의미에서의 도발입니다. 여러 변화에 의미 있게 대응하려면 우리는
더 많은 상호 작용을 해야 합니다.
당연한 말이지만 이런 지적이

나이 오십 넘긴 사람들만 향하는 건 아닙니다.

제 외모가 이미 생생하게 보여 주다시피,

저도 그 오십 넘은 사람 중 하나입니다.

저의 흥미를 끄는 것은,

귀하는 어떤 생각을 갖고 있는가,

팀장은 직원들의 그런 반응을 어떻게 다루어야 하는가입니다.

직원들은 보수 교육 제안에 어떻게 대응해야 할까요?

다정한 인사를 담아

카스파르 프륄리히"

이후 C씨는 아무런 반응도 보이지 않았다. 감정의 불꽃으로 인해 치솟은 연기가 잦아들었기를 바란다.

♛

이와 비슷한 일이 여러분에게 맨 마지막으로 일어난 때는 언제인가?

여러분은 거기에 어떻게 반응했는가?

여러분의 행동은 성과가 있었는가?

우리 부서장이 나를 평가했다.
이제 어쩌지?

최근 나는 한 철도기술 기업의 금융 부문 실무자와 편치 않은 대화를 나누었다. 이 회사는 지하철 시스템, 도시전차, 2층 전동차 등 사람을 대규모로 한 지점에서 다른 지점으로 이동시키는 데에 쓰이는 인프라를 제조하는 업체다. 이 실무자는 이런 인프라와 관련된 자금을 조달한다. 그 금액은 일반적으로 억대 프랑(천억 원대)에 이른다. 10억 프랑대(조 단위)가 될 때도 있다.

"그 사람들이 원하는 게 뭔지는 저도 정확히 모릅니다"라고 그 직원은 자기 이야기를 풀어 놓더니 옛날 이야기까지 끌고 나왔다. 자신의 업무가 얼마나 복잡한지, 자신의 의욕을 꺾어 버리고 다른 부서, 다른 상사에게로 보내 버린 그 여성 상사의 태도가 얼마나 이해 불가인지를 세세하게 묘사했다.

옳지 않은 방식이긴 하지만, 나는 '말로 설사를 하는 구나'라고 생각하며 그 실무자의 얘기를 들었다. 그는 감정적으로 격앙되어 있었다. 하긴 그렇게 어느 날 갑자기 강등되는 걸 누가 좋아하겠는가? 어린 시절 급할수록 돌아가기 게임(스위스에서 많이 하는 보드게임. 윷놀이처럼 돌을 시작점에서 종착점으로 이동시키는데, 주사위를 던져 그 눈의 수만큼 이동하고, 거꾸로 가야 하는 경우도 있다-옮긴이)을 할 때도 목적지를 눈앞에 두고 거꾸로 가야 하는 사태가 발생하면 분노가 치솟지 않았는가 말이다.

그 실무자는 한 무더기의 종이를 내 탁자 한쪽으로 밀면서 "이게 과거 몇 년간의 제 근무 평정 보고서입니다"라고 말했다. 내 앞에는 적어도 다섯 개의 자세한 보고서가 놓여 있었다. 다 합하면 높이가 25센티미터는 되어 보이는 보고서들이 가지런히 쌓여 있었다. 나는 첫 번째 보고서 몇 장을 잠깐 들추어 보고는 지나가듯 물어보았다. "전체적으로 볼 때 이들 보고서에서 결정적인 한 방이 뭔가요?"

"금융 관련 실무에서 저는 대단한 강점을 소유하고 있습니다. 우리 부서에서 사실 그 업무를 이해하는 유일한 사람이죠. 새로 부임한 팀장보다도 더 우수합니다. 전 세계적으로 봐도 제가 넘버원이니까요. 제 앞에서 주름잡는 번데기는 없다고 할 수 있죠."

결정적인 한 방을 찾기 위해 나는 계속 파고들어갔다. "당신의 성장 잠재력이 어디에 있는지를 이 보고서들이 구체적으로 지적해 주고 있나요? 그러니까 당신도 발전 가능성이 있다고 평가해 주는 내용 말입니다."

장황한 '말의 설사'가 잦아들었다. 그리고 이상할 정도로 오랜 침묵이 이어졌다.

이런 사례는 한두 건이 아니다. 비용이 드는 수차례의 근무 평정을 진행했는데도 불구하고, 발전 요소가 될 장단점이 무엇인지를, 그 직원 주변 사람들은 이미 아는데도 관리자가 지적하지 못하는 경우다. 문제는 듣지 않으려는 그 사람에게 있는지도 모른다. 또 보고서에 나타난 진술의 정확성에 문제가 있을 수도 있다. 메시지를 전달하는 사람에게 정확성이 부족했을지도 모른다. 그래서 나는 이렇게 하라고 권한다. 평가를 진행한 후, 평가 대상의 어떤 요소 또는 어떤 행동 방식이 평정자의 시각에서 개선할 필요성이 있다는 것인지 추후 정확하게 알 수 있도록 통보하라는 것이다.

그 실무자를 휘감은 안개 속으로 빛이 들어왔다. 내가 잠깐 그의 상사와 전화 통화를 하고 나서였다. 그 여성 상사의 희망에 따라 통화는 그 실무자가 없을 때 이루어졌다. 여성 상사는 명료하게 이렇게 말했다. "그 직원이 말만 좀 적게 하도록 해 주신다면 그 친구는 금메달 감입니다."

여러분이 볼 때 근무 평정 보고서는 얼마나 도움이 되는가?
여러분이 평정 결과를 바탕으로 뭔가 새로운 시도를 해 보려 한다면
그 보고서는 어떤 모습이어야 할까?

7

여러분의 맹점은
무엇인가

최근 나는 금융업계의 안정적이고 책임감도 따를 법한 중견간부인 40대 중반의 남성과 매력적인 대화를 나누었다. 그는 실무적인 문제에 지나칠 정도로 집중했으며 동시에 심리적인 부분은별것 아닌 것으로 치부했다. 그동안 회사에서는 그의 이런 태도가 별 불평 없이 받아들여졌다. 그런데 그가 횡설수설하면서 알려 준 바에 따르면, 이제는 그를 두고 너무 제 뜻대로만 하려 한다는 말들이 나돌고 있다는 것이었다. "하지만 그 말은 맞지 않습니다. 저는 그렇게 나대는 사람이 아니거든요. 단지 때로는 일을 몰아붙이는 사람도 있어야 합니다"라고 그가 확신에 찬 목소리로 설명했다.

'스위스 기업 부서장들의 경우 자기가 보는 자기 모습과 남들이 보는 자기 모습 사이에 큰 차이가 있습니다.' 나는 이를 〈스위스 사람이 리드한다?!〉라는, 2천700명을 상대로 한 생생한 설문조사 결과의 핵심이라고 본다. 이걸 인식하고 있으면 우리는 다 잘 살 수 있다. 그런 불일치가 있다는 것을, 자기가 보지 못하는 맹점이 있음을 남을 통해 확인할 수 있기 때문이다.

하지만 그런 분석이 아무리 흥미롭다고 하더라도, 그보다 더 중요한 것은 당사자가 그런 불일치를 다루는 명확한 방법을 아는 일이다. 그 방법은 자기 맹점을 끝까지, 구석구석 조명함으로써 발견할 수 있다. "사람들이 당신에게 바라는 게 도대체 뭐죠?" 이 질문으로 나는 그 관리자가 미처 보지 못한 그의 맹점을 찾아내려고 했다. "네, 그건 말이죠, 그러니까, 저는 그게 뭔지 모르겠는데요"라고 그는 놀라울 정도로 기운이 빠져서 대답했다.

"주변의 몇몇 사람들과 일부러라도 이야기를 나누어 보세요. 당신에게 원하는 게 무엇인지에 대해서 말입니다. 그렇게 해서 쌍방이 다 받아들일 수 있는 협업이 이루어지도록 하라는 겁니다. 어떠세요?"

조용하다. "음, 그게 어떻게 하라는 말씀인가요? 그냥 그쪽으로 가서 '이봐, 자네들 내게 바라는 게 뭔가?' 이렇게 단도직입적으로 물어보는 건가요?" 그가 말을 이었다. "아뇨, 그건 안 됩니다. 크리스마스도 아니고 회사 희망곡 콘서트하는 날도 아니고 말입니다. 고객은 우리를 재촉하고, 그런 고객을 상대로 우리는 돈을 벌려고 합니다. 또 저는 우리 부서의 책임자입니다. 제가 갑자기 그런 말도 안되는 질문을 하며 다가간다면 그 사람들 배꼽 빠지도록 웃을 겁니다. 그러면 저를 존중하는 태도도 사라질 거고요."

꽤나 긴 우아한 저항의 시간이 지난 뒤 언제쯤부터인가 그는 내가 제안한 방식의 대화를 했다. 그리고 한껏 신명이 올랐다. 이런 글을 보내온 것이다. '흐름이 나쁘지 않았습니다. 이런 과정을 다른 사람에게로 확대해야 하지 않을까 싶네요.' 내가 특히 기뻤던 것은 다음과 같은 그의 관찰이었다. "주변 사람들과 인간적인 관계를 더 많이 맺는 것도 좋은 방식이네요."

그게 그렇게 간단한 일이라면 뭐, 좋은 거다.

여러분도 자기 맹점이 얼마만 한지 한번 재어 보기 바란다.
그런 다음 어떤 방식으로 문제를 해결할지
지인들과 솔직하게 이야기를 나눠 보자.

제 4 장

어떻게 하면
내가 원하는 걸
얻어 낼까

어떻게 하면
내가 원하는 걸
얻어 내지?

원하는 걸 얻어 내는 방법을 알고 싶은가? 이번 장에서 여러분은 자신의 개인적 직업적 목표를 정할 때 필요한 여러 수단들을 발견하게 된다. 중요한 것은 이 목표와 여러분의 꿈을 적극적으로 추구하여 시야에 단단히 붙들어 매는 일이다. 그 바탕이 되는 것은, 직장이나 개인의 삶 속에서 일어나는 여러 난관을 이겨 내는 방법을 배우는 것이다. 말할 것도 없이 그건 만만찮은 과제다. 예를 들어보자. 상사가 회의를 지루하게 끌고 가는가? 그러면 10번 글에서 그럴 때 어떻게 대응할 수 있는지를 읽어 보라. 자기 생각대로 행동하는 것을 두려워하지 말고 적극적으로 나서서 뭔가를 시도해 보라.

원하는 것을
단순 명쾌하게 말하라

나는 취리히 중심가의 좋은 위치에 자리 잡은, 최근 리모델링을 마친 어느 요식업체의 상냥하고 전문성 있는 직원과 꽤 긴 대화를 나누었다. 예전에는 이 근처에서 표백 기술자들이 수공업 활동을 했지만[취리히 시내에 블라이혀베크(Bleicherweg)라는 골목길이 있는데, 옛날에 그곳 초원에서 수공업자들이 아마로 짠 섬유의 탈색 및 염색 작업을 했다. 현재는 그곳에 다수의 금융기관이 들어서 있다 — 옮긴이] 오늘날에는 요리사 군단의 냄비 속을 직접 들여다볼 수 있는 곳이 되었다.

정이 많은 그 접객 담당 직원은 앉고 싶은 자리가 있느냐는, 늘 하기 마련인 질문에 이어 나의 안부를 물었다. 모든 게 고전적이라 할 정도로 뻔하게 진행되었다. 그러나 "잘 지내고 계시죠?"라는 나의 의례적 인사에 느릿느릿한 말로, 그러나 명확하고 힘차게 "아주, 아주 잘" 지낸다고 대답하는 게 아닌가! 거기에 더해, 뭔가 알고 있다는 듯한 미소를 마치 마술이라도 부리듯 이 세상 속으로 불러냈다. 그 미소에 나의 호기심이 발동했다. 그녀가 자리로 안내하는 동안 나는 기회를 엿보았다. 그런 유쾌함의 이유를 좀 더 알고 싶었던 것이다.

곧 그 이유가 밝혀졌다. 식당 운영 책임자로 오랜 기간 그곳에서 일한 그녀가 마침 그날 '석 달 휴직'이라는 오랜 소망에 상사의 동의를 받아 낸 것이다. 직업적인 호기심으로 나는 어떻게 해서 이런 반가운 결과를 얻었는지 물어보았다. 친절하게도 그는 자신의 처방을 알려 주었다. 명쾌하게 그리고 꾸밈없이 말이다.

★ **알기**: 자기가 원하는 것이 무엇인지 파악한다. 자신이 도대체 뭘 바라는지를 스스로 분명히 하기 바란다. 그게 항상 간단하지만은 않다. 우리는 때로 자신에게 들어맞는 해법 하나를 제안하는 일조차 상사의 상황을 고려하지 않고는 자신 있게 하지 못한다.
★ **말하기**: 원하는 것을 말한다. 상사에게 자기 생각을 단순 명쾌한 말로 정확히 전달하라.

답변이 이렇게 간단해서 나는 좀 당황스러웠다. 하지만 그 긍정적인 결과에 대해 함께 기뻐해 주었다. 그게 조치의 전부였느냐고 묻자 그녀는 이렇게 말했다. "아니죠. 하지만 선생님께 그런 걸 이야기해도 되는지 모르겠네요. 분명 웃으실 것 같아서요." 당연히 나는 온갖 맹세를 다 했고, 그녀는 나를 자기 비밀 속으로 안내해 주었다. 내적 평정과 사전 준비가 그것이었다.

내게서 "아~"라는 말이 튀어나왔다. "그걸 어떻게 한다는 거죠?"

그녀는 내게 다음과 같이 설명해 주었다. "우선 조용한 곳으로 가서 두 눈을 감고 마음에 드는 장소를 떠올려 봅니다. 해변, 바다, 산, 풀이 듬성듬성 난 초원 같은 곳이죠. 그냥 평화롭기만 하면 됩니다. 앉아서 해도 되고 서서 해도 상관없죠. 가장 좋은 것은 예를 들면 풍뎅이 한 마리가 나의 배 위로 날아온다고 상상하는 것입니다. 이런 세상 속으로 푹 빠져들어요. 그런 뒤 생각을 자기 목표에 맞춥니다. 제가 장기 휴가에 맞춘 것처럼요. 저는 그 휴가 기간 동안 제가 하게 될 모든 것들을 상상했습니다. 무엇보다 중요한 것은 원하는 바를 스스로 느껴 보는 것입니다. 저는 그걸 일주일 동안 매일 하고 사장님과 면담하기 직전에 또 한 번 했죠. 선생님께 자신 있게 말씀드릴 수 있는데, 그렇게 하면 기적이 일어납니다."

그의 말은 진지하고도 확신에 차 있었다. 그래서 그 말을 의심하거나 미심쩍게 보는 것은 내게는 거의 신성 모독이라고 여겨질 지경이었다. 그 비밀을 알게 된 나는 그 지배인 여성에게 우리 대화의 마지막에 한 번 더, 정말 이루려고 했던 게 무엇이냐고 물어보았다.

그녀는 웃으며 이렇게 말했다. "사실은 6개월 동안 쉬는 거랍니다."

　그 레스토랑 지배인의 조언이 옳다. 자기가 원하는 바를 말하지 않는 사람은 그걸 얻을 기회조차 빼앗기고 만다. 하지만 자기가 원하는 것이 무엇인지 정확히 알고 말하기란 때로 생각보다 어렵다.

♛

상사에게서 뭔가를 얻어 내려 할 때 여러분은 어떻게 하는가?
곤란한 대화에 여러분은 어떻게 대비하는가?
이번 주 중으로 이 새로운 방식을 그냥 한번 시도해 보면 어떨까?

업무 일정
정리하는 법

최근 나는 중간관리자 한 명과 전형적인 대화를 나누었다. 그가 한 말은 처리해야 할 일은 넘쳐나고, 미동도 없이 재깍재깍 흘러가는 시간과는 날마다 경쟁해야 하며, 직원들은 쉬지도 않고 일할 준비를 갖추고는 마치 뱀파이어처럼 자기 에너지를 빼앗아 간다는 내용이었다. 그리고 상사에 대해서도 이야기했다. 그 상사가 사람들의 잘못된 이야기에 반복적으로 귀를 기울이고, 그걸로 자신의 주도적 지위를 시험한다고 했다.

그렇게 자세히 설명하는 이유가 무엇이냐는 나의 질문에 그는 이렇게 대답했다. "저는 업무 일정을 좀 말끔히 정리하고 싶습니다. 쉴 없이 미팅이 이어지다 보니 제 업무를 더 이상 처리하지 못하는 상황이거든요. 이 다람쥐 쳇바퀴에서 빠져나가지 못하겠다는 느낌에 사로잡혀서 괴롭습니다. 벌써 가을이라 올해도 시간이 얼마 남지 않았거든요."

업무 일정을 정리하고 싶은 마음은 알겠는데, 그는 본질적으로 고려해야 할 사항들을 잊고 있었다. 우선, 자신이 연말에 어떠한 최종 결과물을 내놓아야 하는지에 대한 고려가 거의 보이지 않았다. 둘째, 연말 목표를 이루려면 시간을 어떻게 써야 하는지에 대해서도 마찬가지였다. 그리고 셋째, 어떻게 하면 자신의 건강을 잘 지켜 남은 생애 동안에도 영혼과 조화를 이루며 인생의 속도를 잘 유지할지에 대해서도 그랬다.

자, 샌드위치 신세인 이 관리자와 함께 다음 세 가지 방법으로 업무 일정을 깔끔하게 정리해 보자.

☆ 연말까지 해야 하는 일을 세 줄에서 최대 다섯 줄짜리의 목록으로 만들어 보라. 그리고 이 목록을 '스마트'하게 표현해 보라. 이를테면 한편으로는 영리하게, 다른 한편으로는 특징 있게, 측정 가능하고 남들이 받아들일 수 있게, 현실성 있게 표현하고, 기한까지도 정해 두는 것이다. 구체적으로 말하면, 목표를 내용 하나, 분량 하나 및 시간 차원 하나로 표현하라는 것이다.
예를 들어 보자. 위의 관리자의 경우 '직원 개발'이 하나의 목표로 목록에 올라 있었다. 이는 스마트해야 한다는 요구 조건에 부합하지 않으며 목표 달성에 어떻게 기여할 수 있는지도 뚜렷하지 않다. 더 의미 있게 표현하자면 다음과 같은 식이 되어야 할 것이다. '업무 수행도가 낮은 직속 부하 직원 두 명과 연말까지 월 1회 30분씩 면담시간을 갖고, 그들의 문제점에 대해 어떻게 하면 개선할 수 있는지 피드백을 제공한다.' 이게 훨씬 더 구체적이며, 계획의 실행 여부를 점검하는 데에도 더 좋다. 힌트 하나 추가한다. 여러분이 정한 목표를 동료 한 명과 살펴 본 다음 그 목표가 충분히 분명하고 구체적인지를 함께 점검해 보라는 것이다.

☆ 다음 달에 잡혀 있는 모든 일정과 활동을 세밀하게 점검해 단계화하라. 그것들을 다음 세 가지 범주에 귀속시켜 보는 것이 좋다. A)연간 목표 달성에 직접적이고도 명확하게 기여, B)다소 기여, C)별로/전혀 기여하지 않음.

☆ 불필요한 일정에서 벗어나 그 시간을 더 중요하게 사용하라. C 범주에 들어가 있는 일정이라면 적어도 90%는 취소하라. 그 모임 당사자에게는 불참을 통보하되, 정 여의치 않다면 다른 사람에게 참석하라고 지시하면 된다. 그렇게 함으로써 확보한 시간을 A 범주의 활동에 사용하라.

이런 방식이 마음에 든다면 다음 석 달의 일정에 반복 적용해 보라. 그리고 새로운 요청이 올 경우 A 범주에 속한다는 확신이 들 때만 비로소 약속을 잡는다. 자유롭다는 느낌이 생겨날 것이다. 특히 자기 일정과 목표를 회사의 그것에 맞출 때 그러할 것이다. 이런 일정 정리는 주기적으로 하는 것이 바람직하다. 예를 들면 분기에 한 번씩 하는 것이다. 그렇게 하면 일정을 잡을 때 자신에게 정말 도움이 되는 일들에 더 많이 집중하게 된다.

♛

군살 없는 업무 일정을 위한 여러분의 처방은 무엇인가?
여러분은 어떻게 집중하는가?

이렇게 하면
고속 출셋길에 오를 수 있다

최근 나는 '하이 포텐셜' 한 사람과 대화를 나누었다. 조직 내에서 꽤나 높은 지위에 올라 비슷한 부류 속에서 특별 대접을 누리는 비교적 젊은 간부들을 그렇게 부른다. 최고 경영진의 일원인 상급자들과 벽난로 불을 쬐며 나누는 대화도 이들이 누리는 특권의 하나이며, 멘토링 프로그램에 참여할 수 있는 것, 또 최고 평정자 및 주요 의사 결정권자들과의 사외 사교 행위를 포함한 개인적 교류도 거기에 포함된다. 심미적 차원에서든 음식 차원에서든 모든 게 최고 수준에서 이루어진다.

하이 포텐셜이 집중적으로 받는 질문은 '어떻게 하면 추월차선을 달려 보다 빨리 출세할 수 있는가'이다. 시도해 볼 수 있는 방법은 상당히 많다. 여러분은 체계적으로 도전해 보기를 원하는가? 그렇다면 다음과 같이 하면 된다. 첫째, '추월하기'를 프로젝트처럼 진행한다. 둘째, 다음 6개월 동안 뭘 배울지 결정한다. 그리고 셋째, 필요한 조치를 아래 목록에서 고른다.

☆ **전방위 피드백 받기**: 업무 범위 내에 있는 중요 집단 중 협업과 관련해 조언이나 정보를 줄 수 있는 사람 대여섯 명을 고른다(동년배, 고객, 상급자 등).

☆ **진척 상황 점검**: 가능하다면 세 사람 정도 선정해 그들과 함께 정기적으로 만나 목표 달성 여부를 점검한다.

☆ **멘토링**: 현재 여러분이 추구하는 지위에 오른 사람을 찾아간다. 그리고 그에게 개인적으로 1년에 서너 번 정도 그와 같은 지위에 오르기 위해 필요한 상담을 해 줄 수 있는지 물어본다.

☆ **코칭**: 리더십을 키우기 위해 인성 개발 전문가의 도움을 받는다.

☆ **자기 성찰**: 특정 인물의 전기나 순수 문학, 음악, HBO와 같은 OTT 시리즈물 또는 영화를 본 뒤 여러분 목표의 관점에서 작품 내용을 생각해 보고, 마음에 울림을 주는 현상들이 나타나면 그걸 기록해 둔다. 예컨대 드라마 시리즈 〈하우스 오브 카드〉 중 몇 개의 에피소드를 시청한 다음 어떤 인물이 인상적이었는지 자세히 적는다. 그리고 그 이유가 무엇인지에 대해 깊이 생각해 본다. 이런 과정을 통해 그 인물들에게서 배울 점이 무엇인지 무의식의 깊은 곳에서 낚아 올릴 수 있을 것이다. 〈위기의 주부들〉, 〈왕좌의 게

임〉, 〈릴리해머〉 같은 드라마로 해도 괜찮다.

★ 대화: 개인적인 접촉을 통해, 예를 들어 배우자나 파트너 또는 친구들에게서 피드백을 받는다.

★ 동류 집단: 비슷한 상황에 놓인 다른 이들과 경험을 공유한다.

★ 주변에 물어보기: 어떻게 해야 목표를 이룰 수 있을지 비공식적인 자리에서 동료들의 의견을 구한다.

★ 지나온 길 분석하기: 스스로 생각하는 개인적인 가치, 야망, 열정, 소명 등에 대해 더 정확히 알 수 있다. 혼자, 친구와 함께, 아니면 전문가와 함께 말이다.

★ 세미나 및 코스 교육: 인성 개발 강좌를 듣는다. 훌륭한 리더가 더 나은 셀프 리더십을 시작하는 곳은 항상 장애물을 만난 바로 그 지점이다.

나는 그 하이 포텐셜 간부가 참 인상적이었다. 그는 오래 고민하지 않고 위의 여러 방법을 취향에 맞게 조합해 활용했다.

♛

직원 한 사람이 치고 나간다.
여러분이라면 그에게 뭐라고 조언하겠는가?
출세의 속도를 높이기 위해 여러분은 어떤 노력을 했는가?

여러분이 남기는 발자국은
어떤 모양인가

최근 나는 남들로부터 대단히 인정받는 40대 중반의 관리자 한 명과 대화를 나누었다. 그가 일하는 분야는 원자재 거래였다. 우리가 만난 곳은 국제도시 분위기를 물씬 풍기는 어느 바였다. 그는 염두에 두고 있는 다음 일자리에 골몰해 있었다. 발목을 잡는 것은 그 일자리가 출세의 사다리에서 수직 이동보다는 오히려 수평 이동을 의미한다는 점이었다.

그는 이렇게 말했다. "우리 헤드헌터 말로는 그건 안 된다는 겁니다. 하지만 제가 그 자리로 가면 아시아 지역을 눈에 띌 정도로 더 강력하게 바꿀 수 있거든요. 거기는 여기보다 훨씬 많은 돈이 깔려 있는 곳이라서요."

그렇게 흥분해서 말해 놓고도 그는 또 다른 의견을 구했다. "선생님은 어떻게 보십니까? 그 일자리를 받아들여야 할까요?" 그가 이미 결심했다는 인상이 슬그머니 나를 사로잡았다. "보기 나름이겠죠"라고 간결하게 한마디 내뱉고는 그가 반응을 보일 때까지 기다렸다. 일부러 뜸을 들인 것이다. "뭐가 보기 나름이라는 말씀이죠?" 그는 좀 약이 오른 듯한 목소리로 나의 대답을 요구했다.

"관건은 인생에 걸친 사명, 개인적인 비전, 이 세상에 남기고자 하는 개인의 발자국이죠"라고 나는 대답했다.

그는 성찰에 들어간 것처럼 보였다.

"마치 세상을 바꿔 놓으라는 말로 들리는군요. 그게 아니라면 무슨 말씀인 거죠? 제가 알고 있는 것이라고는 비행기 여행을 할 때 이산화탄소 발자국을 남긴다는 것뿐인데 말입니다. 사명 같은 건 선교에 나서는 모르몬교도, 아니면 세상을 제 뜻대로 바꾸겠다고 나서는 정신 나간 사람들이나 갖고 있죠. 개인적 비전이라면 저는 헬무트 슈미트(독일 사민당 출신의 총리. 1974~1982년 재임 —옮긴이)를 모범으로 삼고 있습니다. 그는 '비전을 가진 자는 의사가 되라'고 했죠."

"세상을 뜻대로 바꾸라는 얘기는 아닙니다만, 현실에서 선택한 직업은 흥미로운 회전력을 갖죠. 책임자로서 당신의 힘이 뚜렷하게 커지는 것은 직위나 급여, 지위 등을 떠나 무엇을 목표로 삼는지가 내면적으로 분명할 때입니다. 새로운 세계를 만들어 내는 인물들을 봐도 그렇습니다."

"으음. 그런데 개인의 발자국은 어떻게 이해해야 하는 거죠? 이 말을 한번 써먹어야 할 것 같아서요."

"빌 게이츠처럼 거대한 자본을 갖고 있다면 인생을 어떻게 꾸려 갈지 스스로 한번 물어볼 수도 있겠죠? 아니면 그냥 돈이 1억 달러 생겼다고 해 봅시다. 그럼 뭘 하시겠습니까?"

그러자 그는 "저라면 아무것도 바꾸지 않을 겁니다. 기껏해야 휴식 시간이나 좀 갖든지 하겠지요. 그리고 호숫가에 제법 큼직한 집이나 한 채 사겠지요"라고 대답했다.

나는 이렇게 덧붙였다. "멋지군요. 아주 훌륭합니다. 만약 그렇게 호숫가 집에 살고 있다면 당신이 나서서 해야 할 일이 또 뭐가 있을까요? 별다른 혜택 없이 살아가는 다른 사람들을 위해서 말입니다."

"으음⋯." 그는 말이 없었다.

인생에는 관심 있는 사람들이 맛볼 수 있도록 다양하고 짜릿한 가능성을 다 모아 놓은 뷔페가 마련되어 있다는 이야기를 그에게 해 줬더라면 좋았을 텐데. 이와 똑같은 마음으로 나는 프랑스 인세아드(INSEAD)경영대학원의 에르미니아 이바라 교수(현재는 런던 비즈니스 스쿨 교수-옮긴이)의 저서 《워킹 아이덴티티(Working Identity)》를 권한다. 거기에 더해 코칭 전문가 마티아스 모르겐탈러의 주간 칼럼 〈직업+소명(Beruf+Berufung)〉도 읽기를 권한다. 아니면 최고 경영진

컨설턴트 마셜 골드스미스로부터 주제에 대한 영감을 얻어 스티브 잡스가 스탠퍼드대학교 졸업식에서 한 전설 같은 연설 '어떤 인생을 살다 죽을 것인가'를 들어 보는 것도 좋다. 적절한 지원 아래 이 주제를 더 파고들어, 설봉으로 둘러싸인 곳에서 열리는 멋진 세미나에 참가할 수도 있다.

그 원자재 거래 직원의 의심은 한결같이 뜬금없었다. "그건 또 선생님이 말씀하신 그 간디 어쩌고 하는 일이죠? 선생님은 저를 늘 간디 같은 사람으로 만들려고 하시네요."

♛

여러분은 개인적으로 미래의 전망 또는 인생의 사명을 갖고 있는가?
있다면 그걸 어떻게 얻게 되었는가?
그것에 대해 친구들과 이야기를 나눈 적이 있는가?

5

출세 제일주의에서
벗어나기

~~~~~~

최근 나는 40대 중반의 한 남성과 대화를 나누었다. 강력한 의사 결정권이 수반되는 지위에 올라 긴장감 도는 업무에 집중하고 있는 사람이었다. 그는 몇 년째 매주 50~70시간 일하고 있으며 국내, 동남아, 보스포루스 해협 및 미국에 있는 집무실을 시계추처럼 오갔다. 심할 때는 근무시간이 주 90시간이 되기도 했다.

그는 이런 라이프 스타일을 즐긴다. "나는 수천 가지 일을 동시에 처리할 수 있습니다. 엄청나게 대단하다는 기분이 들지요. 아무도 나를 막지 못할 것 같거든요. 하늘을 나는 것과 같다는 말입니다. 하지만 이제는 거기서 빠져나오지를 못하고 있습니다"라고 남의 일인 것처럼 설명했다.

"빠져나온다는 것이 무엇을 의미하죠?"라고 나는 살짝 놀라 물었다.

"그냥 의자에 앉아 먼 산을 바라보는 거죠. 한 10분. 예를 들면 이메일 체크 같이 당장 뭔가를 해야 한다는 내적 충동 없이 말입니다. 소셜 앱도 보고 먹을 걸 좀 가져와서 텔레비전 뉴스도 보고…. 그냥 잠깐 제 자신과 함께 있는 거 말입니다."

"그게 안 되나요?"

"쉽지 않죠. 나는 늘 움직여야 합니다. 그러지 않으면 지루하고 따분하거든요. 나를 긴장시키는 지점이 몇 개 있는데, 내가 심사숙고해야 하는 일이죠. 현재는 베트남에 구축 중인 자회사에 대해 고민하고 있습니다. 오스트리아의 인사 문제도 고민입니다. 아무도 제대로 책임을 떠맡으려 하지 않거든요, 거기서는. 그 밖에도 어떻게 수완을 부려 우리 회사 감사위원회 의장을 요트로 모실 수 있을까, 수명이 다한 판매 조직의 구조를 어떻게 바꿔 놓을 수 있을까 고민하죠."

"현실이 그냥 '인생 출장' 수준이네요. 그런데 그런 고민들에서 빠져나오는 게 개인적으로 도움이 된다고 생각하세요?"

사실 그는 거기서 빠져나오는 방법을 정확히 알고 있었다.

★ 천천히 산책하기.

★ 신문 읽지 않기.

★ 텔레비전 안 보기. 그 옆에서 잠드는 건 어차피 건강에도 좋지 않다.

★ 발코니에 서서 해 질 녘의 먼 산 바라보기.

★ 글 써 보기. 예를 들면 자신의 갖가지 꿈을 적어 보기.

★ 쌍을 이루어 추는 사교댄스 하러 가기.(때로는 효과가 있지만 그렇지 않은 경우도 있다.)

★ 친구 만나기.

★ 잠 푹 자기.

흔히 그렇지만 뭔가를 바꾸려면 아는 것만으로는 충분치 않다. 행동도 해야 한다. 〈허핑턴 포스트〉 설립자로, 더 생산적이고 더 창의적인 사람이 되기 위해 잠에 특별한 가치를 부여하고 있는 아리아나 허핑턴처럼 말이다.

예전에는 그런 인생 출장에서 돌아오는 일을 '여유 관리'라고 불렀다. 하지만 시간이 지나면서 그걸 다 잊어버리고 말았다. 여유란 업무나 기타 중요한 일로부터 멀리 떨어져 있는 것이다. 돈도 출세도 성공도 추구하지 않고 자기 자신에게, 본래의 운명에 다가가는 시간을 더 많이 갖는 것, 그 기분을 여러분도 종종 느끼고 싶지 않은가? 울리히 슈나벨의 《아무것도 하지 않는 시간의 힘(Muße : Vom Gluck des Nichtstuns)》이라는 책은 그렇게 살아가는 데에 필요한 훌륭한 아이디어를 제공한다.

♛

여러분은 인생 출장에서 어떻게 빠져나오는가?
일상에 어떤 여유의 섬을 마련해 두었는가?

6

이제 황금의 새장에서
탈출하자

~~~~~~

얼마 전 나는 한 중소기업의 임원과 대화를 나누었다. 그는 출세의 사다리를 매끄럽게 오르는 데에 성공했다. 출세 가도는 10년 넘도록 이어지고 있는데 그의 나이는 이제 막 30대 중반이다. 기획 능력도 뛰어나 급여도 거기에 걸맞게 넉넉하게 책정 받았다. 하지만 이따금 자신이 황금의 새장 속에 갇혀 있다는 느낌을 받는다. 그의 마음을 갉아먹는 질문은 여전하다. 이게 전부였던가? 앞으로 무슨 일이 더 일어나야 한다는 말인가? 잠재력은 어디에 있는가? 나는 어디로 가야 하나? 내가 더 할 수 있는 일은 뭘까? 의미 있는 일이란 무엇인가?

새장이라는 족쇄는 어떻게 폭파하지?

이렇게 해 보자. 종이 한 장과 필기구 여럿을 준비한다. 아무런 방해도 없는 곳에 자리를 잡는다. 잠깐 마음을 고요히 한 다음 느긋하게 특정한 상황을 떠올려 보고 집중하라.

플랜 A: 현재 근무 중인 회사 내에서 여러분이 어떤 직업적 성장 과정을 거칠지 이미지 형태로 떠올려 보라. 향후 10년 동안에 대해서 말이다. 최선의 경우, 즉 여러분의 모든 꿈이나 소망하던 상상이 다 실현된다면 무슨 일이 일어날까? 그걸 하나하나 다 직접 그려 보라. 어떤 활동을 하는지, 직급이나 직위는 뭔지, 소득은 얼마나 되는지, 어떤 사람들이 여러분을 둘러싸고 있는지 등을 그려보는 거다.

플랜 B: 다음으로 플랜 B를 종이에 적어 보라. 여러분이 즉각 해고되었다고 상상해 보라. 그 이유가 '전략적 방향이 맞지 않음' 또는 그것과 비슷한 것 때문임을 여러분은 이미 알고 있다. 결국 경쟁 업체나 호감이 가는 다른 회사에서 일을 시작한다. 이제 그 직장에서 향후 10년 동안 가장 훌륭한 발전을 한다고 상상해 보라. 거기서 여러분은 무엇을 하고 있는가? 여러분을 특별히 열광하게 만드는 것은 무엇인가? 회사 내 지위는 어떠한가? 그렇게 하기 위해 여러분은 무엇을 배우는가? 본질적인 발전 방향은 무엇인가? 거기서 만나는 이들은 어떤 사람들인가?

플랜 C: 이어서 플랜 C를 전개한다. 시간을 전혀 다른 방식으로 사용한다고 상상해 보라. 예를 들면 1년간 직장 생활을 하지 않는다고 상상하는 거다. 이 기간 중에는 정말 하고 싶었던 일을 하고, 늘 배우고 싶던 것을 배운다. 아니면 살아갈 시간이 1년 남았다면 그 시간 동안 무엇을 할지 깊이 생각해 보라. 또는 능력이 된다면 무슨 일을 할 것인지, 경제적 문제가 전혀 없다면 무엇을 할지도 생각해 보라. 다시, 10년 뒤에 대해서도 생각해 보면 더 좋을 것이다. 꿈을 너무 야박하게 꿀 필요는 없다.

다 마친 뒤에는 좋은 친구 한 사람을 저녁 식사에 초대해서 여러분의 생각을 공유해 보라. 특히 고무적이다 싶은 일, 각별한 기쁨을 가져다주는 여러 가지 최선의 상황들을 아주 상세하게 설명하라. 10년 뒤의 본인 모습을 갖가지 표현을 다 동원해 세밀하게 설명하라. 그리고 상대의 의견을 들어 보라. 예를 들면 이렇게 물어보라는 것이다. "내가 구체적으로 어떠한 상황에서 가장 열정적이고 활기차 보여?"

열정을 유발하는 요소 세 가지를 실제의 삶 속에 투입해 보라. 지금, 오늘, 당장.

♛

여러분이라면 어떻게 황금의 새장에서 탈출하겠는가?
여러분은 어떤 미래를 꿈꾸고 있는가? 어떤 창의적 방법들을 권하겠는가?

7

직장을 바꿀
적절한 시점은 언제?

~~~~~~

얼마 전 나는 출세욕 강한 중견간부급의 한 관리자와 대화를 나누었다. 금융기업에 근무하는 그는 출세의 사다리 위쪽으로 거침없이 올라갔다. 3년째 현재의 지위를 유지하고 있으며 이 기간 중 폭넓게 보수 교육도 받았다.

그런데 그가 난관에 직면했다. 상사가 자기 양에 차지 않는 부족한 존재로 보인 것이다. 그는 종종 상사의 결정을 이해할 수 없었다. "저 사람의 결정은 한마디로 엉터리야!" 그의 평가는 신랄하기 짝이 없다. "도대체 밑도 끝도 없는 데다 저런 자리에 앉아서도 명쾌하게 내놓는 건 거의 없고, 윗사람 듣기 좋아하는 소리만 한다"는 것이었다. 그는 이 상황을 다음과 같이 한마디로 정리했다. "사실 이 업무

제가 하면 저 상사보다 훨씬 더 잘할 수 있습니다."

전형적인 현상이다. 직원이 개인적인 성장 과정에서 점점 상사의 능력치를 뛰어넘는 경우는 심심찮게 볼 수 있다. 상급자의 능력은 점점 더 미심쩍어진다. 최상의 협업을 위한 상황이라고는 할 수 없다. 이런 경우라면 이직에 대해서도 고민해 봐야 하고, 향후 10년에 대한 철저한 계획도 짜 놓아야 한다.

직장을 옮길 시점이 왔음을 알리는 다른 신호로 또 뭐가 있을까? 끝내주는 일자리 제의가 온다. 그냥 다른 일에 자꾸 관심이 더 간다. 지금 하는 일 관련해서는 뭘 더 배우지도 않는다. 진절머리난다. 자극이 될 만한 계기가 없다. 이 일은 이제 다 했구나 싶은 느낌이 슬슬 든다. 아니면, 일이 끝났다는 메시지가 이미 도착해 있거나.

"이게 당신이 쓸 수 있는 마지막 블로그 글이라면 뭘 더 쓰겠어요?" 한 여성 지인이 얼마 전 내게 이렇게 물었다.

"인간은 자신이 특별하고 잘났다는 것을 남들이 봐 주기를 바랍니다. 그건 상급자나 평사원이나 마찬가지고, 특히 상급자들이 더 유난스럽죠. 우리는 사랑받으려 하고, 인정받으려 합니다. 우리의 현재 모습 그대로를 말입니다. 그런데 그런 일이 일어나지 않으면 우리는 열받는 듯한 반응을 보이죠. 인간의 이런 모습은 이미 고전 문학 작품에도 많이 묘사되어 있습니다. 셰익스피어의 비극에도 나오죠. 수천 년이 흘러도 똑같은 상태로 머물러 있는 것이 참 놀랍답니다."

"그 밖에 또 뭐가 있나요?"라고 그 지인이 계속해서 물었다.

"자기만의 길을 간다는 게 간단치 않습니다. 우리 인간은 불가피하게 난관에 부닥치니까요. 하지만 그 길을 스스로 찾아야 합니다. 어떤 길이 중요한지, 어떤 일이 자신에게 중요한지, 자신의 창조력을 어떤 대상에 투입하는 것이 바람직한지, 또 어떤 개인적 발자취를 남기고자 하는지를 말입니다."

♛

경영학 분야의 선구적 사상가인 피터 드러커에게서
영감을 받아 여러분에게 묻는다.
직장 생활 중 어떤 활동, 어떤 일이 자산으로 쌓였는가?
더 이상 하고 싶지 않은 일은 무엇인가?
그런 활동은 중단하기 바란다.
그리고 계속 앞으로 나아가라.

연봉 끌어올리기 8단계

최근 나는 서른이 채 안 된 야심찬 여성 한 명과 유쾌한 대화를 나누었다. IT 기업의 영업 조직을 이끌고 있는 사람인데, 문제는 급여였다. 그는 "내가 얼마나 열심히 일해서 어떤 결과를 내는지 안다면 내 급여가 적당하지 않다는 것도 알 수 있을 것"이라면서 "매장은 제가 없으면 산산조각나고 만다니까요"라고 덧붙였다. 이건 분명 옳지 않은 말일 것이다. 어느 한 사람이 없다고 조직이 산산조각나는 일은 없다는 뜻이다. 몇몇 예외가 있기는 하지만, 상급자들은 대개 자신의 중요성을 과도하게 강조한다. 문헌에서는 이를 '영웅의 조짐'이라고 한다. 이건 어쩌면 성공 조건의 하나, 일종의 자기 실현적 예언일 수도 있다.

다시 급여 인상 문제로 돌아가 보자. 연봉 협상에 들어가기 위해서는 거쳐야 하는 과정이 하나 있다. 바라는 인상 폭이 아주 클 경우, 말하자면 일반적인 한 자릿수보다 인상률이 확연히 높은 경우라면 특히 이런 과정을 거쳐야 한다. 윗사람과의 대화에서 정점에 이르는 이 과정에는 시간이 좀 필요하다. 탄탄한 준비부터 깔끔한 사후 조치까지 꼼꼼하게 대비하고 연습해야 하기 때문이다. 앞서 얘기한 IT 기업 영업팀장이 구상한 대략적인 진행 과정은 9월에 준비해서 10월 중순에 협상을 하고 후년 초부터 연봉이 오르는 것이었다.

자, 여러분 상황은 어떤가? 여러분도 연봉 인상을 요구할 만하다 싶은가? 그는 "노 리스크 노 펀(No Risk, No Fun)"이라고 했다. 분명한 사실은, 어떤 쪽이든 결단을 내리지 않으면 안 되는 상황으로 그가 상사를 몰아간다는 점이다. 한 번 거절을 당해도 우리는 살아갈 수 있고, 또 다른 승부의 상황을 맞이할 수 있다. '노'라는 대답에 놀라지 않을 자신이 있다면 우리는 더 큰 링에 올라 다음의 여덟 단계를 거쳐 목표에 이를 수 있을 것이다.

★ 자기 고유의 가치 인식하기: 여러분의 급여는 비슷한 직업군의 평균 급여와 비교할 때 어느 정도 수준인가? 친한 사람들을 대상으로 작은 설문 조사를 해 보라. 아울러 시장의 데이터 및 임금계산기를 이용해 여러분의 급여 수준을 점검해 보라. 통계청, 노총 또는 민간 취업 포털이 제공하는 자료의 도움을 받을 수 있다. 상한선

과 하한선을 두어 연봉 대역을 정하라.

☆ **상급자의 시각에서 본 대안 인식하기:** 관점을 바꾸어 여러분이 상사의 입장이 되어 보라. 상사는 여러분을 어떻게 평가하고 있을까? 만약 여러분이 퇴사를 결심한다면 사업의 어떤 부문이 위태롭게 될 것이라고 생각할까? 여러분을 대체할 사람을 얼마나 빨리 구할 수 있을까?

☆ **플랜 B 마련해 두기:** 연봉 협상이 기대한 만큼 잘 되지 않을 때 어떻게 반응할지 미리 생각해 두라. 새 일자리를 찾아 주변을 둘러볼 것인가? 아니면 내년에 다시 한번 시도하겠는가? 그것도 아니면 다른 무엇, 예컨대 유급 교육, 무급 휴가, 개인적 코칭, 유연 근무제, 재택 근무 확대 등등을 얻어 내려 할 것인가?

☆ **적절한 면담 시점 잡기:** 상사에게 스트레스가 없는 때를 노려 면담을 요청하라. 중요한 프레젠테이션이나 연말 결산 또는 그 비슷한, 아드레날린 치솟는 시점은 피하라는 말이다.

☆ **면담 연습하기:** 혹 믿지 않을지도 모르겠지만, 까다로운 면담도 여러 번 반복해 연습해 보면 더 좋아질 수 있다. 자신 있게 탄탄한 피드백을 주는 좋은 동료 한 사람과 함께 상사와의 면담을 시뮬레이션해 보라. 이 연습을 대략 열 번쯤 반복해서 자신의 논리를 편안히 제시할 수 있을 정도로, 또 그 전체 과정이 지루하다고 느껴질 만큼 충분히 연습하라.

☆ **면담하기:** 짧게 심호흡한 뒤 악마의 눈을 직접 들여다보며 분명하고 상냥한 목소리로 요구 사항을 이야기하라. 예컨대 이런 식이

다. "이렇게 시간을 내어 주셔서 고맙다는 말씀을 드리고 싶습니다. 저의 내년도 연봉에 대해 말씀드리려 합니다. 각종 비교 자료와 저의 지난 여러 해 동안의 성과를 고려할 때 연봉이 좀 많이 올랐으면 하는 게 제 솔직한 마음입니다. 제가 생각하는 인상 폭은 15~25% 선입니다. 물론 지금 당장 결정하실 수 없다는 건 저도 알고 있습니다만, 늦어도 한 달 이내에 답변을 받았으면 합니다." 마지막으로 다음 면담 일정을 잡고 대화를 마친다.

★ 팔로업: 다음 번 만날 때 상사는 자신의 입장을 언급할 것이다. 뻔한 말이지만 그 결과는 제로에서 여러분이 제시한 상한선 사이 어딘가에 위치해 있을 것이다. 결과가 제로 쪽으로 기운다면 플랜 B에 따라 움직이면서 다른 항목들을 그 테이블에 내놓아야 한다.

★ 감사하기: 어떤 결과로 끝나든 대화 과정 및 상사가 시간을 내어 준 것에 대해 감사의 뜻을 표하라. 원하는 결과를 얻어 내지 못한 경우라도 사소한 일 따위로 트집을 잡거나 입을 다물고 아무 말도 하지 않는 식의 수동적, 공격적 태도는 피하라. 새로운 기회가 있을 것이다.

나는 자신의 가치를 연봉으로 평가 받고 싶어 하는 여러분의 마음을 폄훼하고 싶지는 않다. 하지만 레오 보만스가 지은 《세상 모든 행복(The World Book of Happiness)》에 나온 한 아이슬란드 여성 학자의 연구에 따르면, 인간이 느끼는 총 만족도에서 돈이 차지하는 비율은 소득 수준이 평균인 사람의 경우 약 4%이다. 사회적 관계나 친구 같은 다른 가치들이 돈보다 훨씬 더 큰 의미를 갖는다는 것이다. 물론 이건 평균적인 값이고, 개인의 상황은 저마다 다를 수 있다. 하지만 링에 올라가기 전에 깊이 고려해 볼 만한 내용이다.

♛

위에서 언급한 연봉 협상 방법은 여러분의 경험에 비추어 볼 때 의미가 있는가?
글 첫머리에 나오는 영업팀장 여성의 사례에 대해
더 나은 해법을 알고 있는가?
여러분은 급여를 올리고 싶을 때 어떻게 하는가?

9

안성맞춤 멘토에게
다가가는 요령

〰〰〰〰〰〰〰〰〰〰〰〰〰〰〰〰〰〰〰

얼마 전 나는 서른이 채 안 된 기업 컨설턴트로 권력욕이 아주 강한 한 여성과 대화를 나누었다. 국제적으로 활동하는 기업 컨설팅 업체의 파트너가 되겠다는 그의 야망과 의지가 대단해 보였다. 남다른 목표뿐만 아니라 그걸 향한 태도도 명쾌했다. 그 길이 순탄치 않을지라도 목표를 이루고야 말겠다는 단호한 결심도 있었다.

"제가 그 기업의 파트너가 될 가능성을 끌어올리려면 뭘 더 어떻게 해야 할까요?" 이것이 그가 하고 싶은 질문이었다. '대단하네. 근데 좀 집요한 편인가?'라는 생각이 들었다. 우리는 이미 이와 관련해 구체적으로 이야기를 나누었기 때문이다.

"우리, 멘토에 대해서는 이미 이야기를 했었죠?"라고 나는 그녀에게 물었다. "네. 그건 이미 시도해 보았습니다. 회사에서 한 분을 배정해 주었거든요." 나는 조심스레 "그래서, 잘 돌아가고 있나요?"라고 물어보았다. 그녀의 대답은 "감탄사가 나올 정도는 아니고, 그저 갤러리에 전시나 하면 어울릴 분이죠. 한 번 만났는데, 그 뒤로는 서로 암묵적 합의하에 끝나 버렸어요"였다.

시작도 잘못되었고 멘토도 틀렸다. 멘토링을 대하는 자세도 틀렸다. 다음과 같이 진행되어야 제대로 돌아가는 것이다. 먼저 인상 깊게 본 인물들이 누구인지 확인한다. 자질이 훌륭하거나 여러분이 추구하는 직업적 지위에 오른 이들일 것이다. 그들 중에서 세 명 정도를 개인적으로 접촉한 다음 대략 3년의 기간에 걸쳐 1년에 서너 번 정도 만나 달라고 부탁해 보라. 여러분이 무엇을 중요하게 여기는지, 무엇이 여러분에게 관건인지를 그들에게 잘 설명해야 한다.

멘토 한 명이 허락을 하면, 여러분은 그를 약속대로 1년에 서너 번 만날 것이다. 이 만남을 사전에 잘 준비할 필요가 있다. 대화의 빈도와 내용은 꼭 필요한 범위에 맞추어야 한다. 여러분이 골몰하는 일에 대해 상담하라. 말하자면 쓸데없는 새도복싱은 하지 말라는 것이다. 모든 과정이 무난히 진행되면 시간이 흐를수록 회사 내 관계가 개선되며, 그 멘토는 여러분의 직장 생활에 든든한 지원군이 될수 있다. 예를 들면 여러분에게 필요한 인맥 같은 것도 멘토를 통해 생길 수 있는 것이다.

안성맞춤 멘토에게 다가가기를 원한다면 구체적으로 이렇게 해 보라.

★ 깊은 인상을 남긴 인물 열 명의 이름을 적은 기다란 명단 하나를 만든다. 그리고 그 이름 옆에는 여러분을 매혹시킨 요소가 무엇인지 기록한다.

★ 이 명단에서 직관적으로 가장 매력 있어 보이는 세 명을 추린다.

★ 먼저 그들의 어떤 면모에 가슴이 두근거렸는지 다시 한번 깊이 생각한 다음 그들에게 연락을 하라. 그들을 만나 무슨 얘기를 듣고 싶은지, 무엇 때문에 그들에게 관심을 갖게 되었는지, 어떻게 소통해 나가는 게 적절할지(전화, 이메일, 또는 격식을 갖춘 편지) 숙고하라.

★ 요청을 받은 사람이 관심을 보이면 첫 만남의 약속을 잡는다. 그 자리에서 멘토링의 목표, 범위, 빈도, 기타 세부 사항을 상의하면 된다. 기간은 함께 정해도 되고 정하지 않은 채 열어 둘 수도 있다. 사실 그건 별 의미가 없다. 중요한 것은 양측이 언제든 멘토와 멘티의 관계를 해소할 수 있다는 점이다. 물론 따로 이유를 언급할 필요도 없다. 그래야 양측은 모두에게 불확실성이 따르는 이 과정에 진정으로 자유롭게 동참할 수 있다.

"하지만 일면식도 없는 분들께 무턱대고 직접 연락할 수는 없잖습니까?" 나의 제안에 다들 이런 반응을 보인다. 하지만 기회가 되면 '스티브 잡스: 주저하지 말고 도움을 요청하라(Steve Jobs: Don't be afraid to ask for help)'라는 동영상을 유튜브에서 시청하기 바란다.

우선 짧은 목록을 만들어 거기에 적힌 이름으로부터 활력을 얻는 것부터 시작하자. 목록 속의 인물을 만난다는 상상을 하면 반드시 몸이 기쁨으로 들뜨거나 왠지 모를 두려움이 덮치거나 근질근질해지는 경험을 해 보아야 한다.

♛

여러분의 짧은 목록에는 누구의 이름이 적혀 있는가?
여러분은 멘토가 되어 줄 이들에게 어떻게 다가갈 것인가?
그렇게 하려면 주변에서 여러분에게 어떤 도움을 주어야 하는가?

10

지루한 회의에
생기를 불어넣어 볼까

~~~~~~

최근 나는 모 대기업 개발사업부인 학습캠프에서 근무하는 한 여성 간부와 대화를 나누었다. 그는 "우리 직원들과 회의하는 게 따분합니다"라고 무덤덤하게 이야기했다. "그 친구들 그냥 회의 자리에 앉아만 있지, 입도 열지 않고 회의 끝나면 나가 버려요."

"회의 참가 여부를 자유롭게 정하도록 해 보세요"라고 나는 도발적으로 대꾸했다. "그게 변화를 주는 가장 확실한 비결입니다. 어쩌면 팀장님 혼자 회의 자리에 앉아 있게 될지도 모릅니다. 하지만 그렇게 하면 회의가 참석자에게 어떤 도움을 주는지가 분명해집니다." 내 아이디어가 그의 구미를 돋운 것 같았다. 하지만 나와 이 간단하고 파격적인 방법을 논하는 대다수 간부들이 그랬던 것처럼 그

역시 안팎의 훼방꾼들에게 시달렸다. 안타까운 일이다.

　　하지만 현실은 대개 그 반대다. 눈을 감게 만드는 단조로운 목소리의 부서장이 직원들에게 '따분한' 회의에 참석하라는 지시를 내린다. 여러분이라면, 그것도 종종 참석자 역할을 맡는 경우라면 무엇을 어떻게 하는 것이 좋을까? 다음은 회의의 수준과 분위기를 확 바꿔 놓을 수 있는 여러 가지 방법들이다.

☆ 자신을 위해 회의를 이용하라. 그러니까 여러분이 관심을 갖고 있는 주제를 내놓는 것이다. 회의를 업무와 관련한 관심사, 아이디어, 의견을 얻는 기회로 생각하라.

☆ 본인의 시각을 갖고 의견을 표명하라. 자주 그리고 간결하게. 본인의 아이디어와 견해를 다른 사람들과 나누되, 그걸 꼭 해야 한다고 주장하지는 말라.

☆ 이미 중요한 내용이 다 나와 더 이상 토론할 게 없는 상황이라면 "이제 제가 볼 때 모든 논점이 여기에 다 올라온 것 같습니다. 저는 덧붙일 말이 없습니다. 그래서 다음 주제로 넘어갔으면 좋겠는데, 다들 어떠세요?"라고 말하라.

☆ 회의 진행 상황, 사람들의 기분이나 상태, 상호 작용 여부, 회의 분위기에 대해 여러분이 관찰한 바를 전달하라. 예를 들면 이런 식이다. "의견이 다 다른데 의견마다 재미있는 포인트들이 있어요. 다들 정말 대단하신 것 같아요" 또는 "저로서는 이 주제를 어떻게 다루어야 할지 잘 모르겠습니다. 섣불리 손댔다가는 갈등 상황에 빠질 수도 있을 것 같아요. 그게 마음에 걸립니다"라는 식으로 말하는 것이다.

☆ 다른 참석자의 발언과 연관 지어 말하라. 예를 들면 "안드레아 씨가 이미 좋

은 제안을 내놓았습니다. 일단 아이디어만 취합하고 우선 순위 결정은 나중에 하는 것이 어떨까요?"라고 말한다.

★ 회의 시작할 때 특별히 상의하고 싶은 내용을 공유하라. 예를 들면 "회의 의제는 알고 있는데요, 목록에 없는 주제를 하나 더 논의했으면 합니다. 공급 관리 공시를 처리하는 일과 관련해 아이디어가 필요하거든요"라고 말하는 것이다.

♛

회의가 활발하게 진행될수록 참가자도 활력과 의욕을 느낀다.
정말 그런지 한번 시도해 보라.

11

생산성은
이럴 때 폭발한다

~~~~~~

　최근 나는 힘들었지만 결론은 유쾌했던 대화를 나누었다. 대화 상대는 관리직으로 있는 중년의 간부였다. 출세 사다리의 꼭대기쯤에 있는 것도 아니다 보니, 그의 하루하루는 업무와 미팅으로 도배되어 있었다. 아이폰은 쉴 새 없이 울리고 진동했다. 위아래, 좌우, 안팎, 앞뒤가 다 요구하는 목소리뿐인, 딱 샌드위치 신세였다. 집에는 상냥하면서도 까다로운 아내와 세 자식이 있다. 그 중 아이 둘은 아직도 잠자리에 들기 전에 아빠가 귀가하면 좋아 날뛰는 나이이다. 운동할 시간도 부족하고 친구 만날 시간도 없다. 오로지 자신만을 위해 한 시간 정도 여유를 가져 본 게 언제였냐는 나의 질문에 그는 머뭇거리더니, "쉽지 않네요. 기억도 잘 안 나요"라고 대답했다.

여러분들은 직장 생활이라는 영역에서 더 이상 '샌드위치 신세'라는 비유적인 표현을 쓰면 안 된다는 얘기를 들어 본 적 있는가? 무엇보다 국제적으로 그렇게 받아들여지고 있다. 깨우친 생산관리자이자 영어를 모국어로 쓰는 한 여성이 얼마 전 반은 화가 나서, 또 반은 장난꾸러기처럼 비죽거리며 내게 설명해 준 이야기다. 이 낱말이 대단히 사적인 영역에서의 어떤 자세(여자가 가운데, 남자 둘이 앞뒤에 있는 형태-옮긴이)를 묘사한다는 것이다.

어쨌든, 다시 우리 주제로 가 보자. 그러니까 나의 대화 상대는 "사방이 공사장이고, 상사는 멍청이"라고 했다. "상사는 핵심적인 일조차, 그러니까 회사 발전에 가장 중요한 일조차 신경 쓰지 않아요. 제 동료들도 저를 도와주지 않습니다. 그들은 그저 제가 너무 강하게 대응하는지 안 하는지만 본다니까요. 제가 새로운 제안을 내놓으면 그들은 그걸 늘 가로막습니다."

나는 쉽지 않은 상황이라고 생각했다.

"사실 저는 마르틴 주터(스위스의 작가이자 칼럼니스트-편집자)의 '비즈니스 클래스'(마르틴 주터가 연재한 칼럼-편집자)에 나오는 주인공처럼 가련한 사람이에요." 그가 정곡을 찔렀다.

폭풍 같은 하소연은 이렇게 끝나는 걸까? 나는 뭔가 희망적인 신호도 함께 내보내지 않을까 싶어 기다려 보았다. 하지만 그런 건 전혀 없었다. 그는 그저 입을 다물고 있었다. 한참 동안이나.

나도 마찬가지였다. 그러면서 마셜 골드스미스(세계적인 리더십 전문가-편집자)가 떠올랐다. 그는 어떻게 하면 모든 직장인들이 더욱 창조적으로 회사 생활을 해 나갈 수 있는지를 유튜브 영상(www.youtube.com/watch?v=U5fruOnW3EY&feature=youtube.be)에서 설명했다.

> **여러분의 일상을 관찰해 보십시오.**
> **여러분은 첫째, 자신을 훌륭하게 묘사하기 위해**
> **또 자신이 얼마나 멋진지 말하기 위해**
> **그리고 둘째, 얼마나 많은 멍청하고 무능한 사람들에게**
> **자신이 둘러싸여 있는지 설명하고 불평하기 위해**
> **얼마나 많은 시간을 허비하고 있습니까?**
> **이런 태도를 버리고**
> **하루에 중요한 과제 세 가지를**
> **처리하는 데에 그 시간을 활용하십시오.**
> **생산성이 폭발할 것입니다.**

그리고 하나 더. 나의 대화 상대는 계속해서 하소연 모드에서 벗어났다는 아무런 신호도 내지 않았다. 우리 둘 사이에 불편하다 싶을 정도로 긴 침묵이 흐른 뒤, 나는 이렇게 말했다. "네, 그렇군요. 참 딱하네요."

명심하라. 나는 똑똑하지 않고, 그들은 멍청하지 않을 수 있다.
남을 욕하기보다는, 나의 귀한 시간을 중요한 업무를 처리하는 데 사용하라.

제5장

프로처럼
행동하라

프로처럼
행동하라

직업적으로 성공해서 더 나은 세상 만들기에 기여하려면 기본적으로 전문성을 갖추어야 한다. 전문성을 갖춘다는 게 도대체 뭘까? 개인의 상황에 따라 크게 다를 수 있지만, 그래도 두루 통용되는 몇몇 규칙은 존재한다. 이번 장에서는 그것을 다룬다. 예를 들어 3번 글은 다음과 같은 내용을 다룬다. "우리 팀장 꼬라지만 봐도 열불이 나!" 이제 어떻게 하면 여러분이 자신, 동료, 그리고 윗사람을 대할 때 항상 프로의 자세를 취할 수 있는지 배워 보자.

1

벌써 친구처럼
이름을 부르는가

～～～～～～～～～～～～～～～～～～～

최근 나는 직원 한 사람과 '두'[du. 독어에는 2인칭 대명사가 두 가지
인데, 허물없는 사이에 쓰는 표현이 '두'이고, 경칭으로 '지(Sie)'가 있다. 상대를
'지'라 부르면 성을, '두'라 부르면 이름을 부르게 된다-옮긴이]라고 부르는
것에 대해 이야기를 나누었다. 스위스콤(스위스의 통신 기업-옮긴이)의
고 카르스텐 슐로터 회장이 사내에서 '두' 사용을 의무화한 이래 그
회사에서 이 지침은 일관되게 지켜지고 있다. 심지어 외부의 서비
스업자로 찾아가는 나에게도 문서상에서나 구두로 동료 대하듯 '두'
라고 칭한다. 그러나 무척 개방적인 나에게도 이런 호칭은 좀 별스
럽게 들린다. 얼굴 한 번 보지 못한 사람과 문서로 교류할 때 상대가
나를 '두'라고 칭하면 특히 그렇다. 이는 어쩌면 세대 차이 때문이기
도 할 것이다.

언론 보도에 따르면, 다음 순서는 스위스 연방 철도공사(SBB)다. 회장이 마이어(성) 씨에서 이제 안드레아(이름)라 불리게 될까? 아니면 약칭 앤디라 불리는 건 아닐까? 그러다 열차 내 여성 승무원이 뭘 물어보는 내게 '두'라고 하는 정도까지 나아갈 수도 있지 않을까?

이와 관련하여 내가 특별히 흥미롭게 여기는 것은 골수 독일 기업이면서 국제적 활동으로 인해 영어를 사내 공용어로 사용하는 기업이다. 이런 기업에서는 독일식 경칭 '지' 문화가 섞여 나타난다. 직원들이 20년 동안 같은 공간에서 일해 왔으면서도 함께 그릴파티를 할 때는 경칭 '지'를 써서 상대를 부른다. 앵글로색슨 지역에서는 대개 이름을 부르는 것과 대조적이다. 그 결과 바벨탑을 세울 때 말이 마구 뒤섞인 것처럼 상대를 부르는 호칭이 놀랍게 짬뽕되어 버린다. 독어 사용자끼리는 서로 성으로 부르고, 독어 사용자와 영어 사용자 사이에서는 서로 이름을 부르는 것이다. 이런 현상은 이름뿐 아니라 관계에 대한 기억도 힘들게 만든다.

직장이라는 환경에서는 어떤 호칭이 적합할까? 이에 대한 의견들도 마찬가지로 바빌론 같은 특징을 보인다. 내가 볼 때 상대를 어떤 호칭으로 부르는가는 게임에 결정적인 요소가 아닌 것 같다. 각자의 역할에 맞게 주어진 임무를 제대로 해낸다면 호칭은 문제될 게 없다는 말이다. 예를 들면 어떤 사람을 좋지 않은 쪽으로 제재하거나, 해고하거나, 별로 달가워하지 않을 메시지를 전달하는 데 호칭이 뭐가 중요하겠는가.

경칭 '지'를 평칭 '두'로 바꾸기 또는 그 반대로 하기에는 너무 늦었다고? 너무 늦은 때란 없다. 여러분이 그걸 한번 시험해 본 뒤 상황이 어떻게 되는지 살펴보라. 의식적으로 틀을 깨트리자는 차원에서, 또 일상에서 개인에게 더 많은 여지를 제공하자는 차원에서 우리는 같은 사무실에서 근무하는 사람들끼리 '두'를 사용하고 소개도 그렇게 하기로 약속했다.

말을 했으면 행동으로 옮기는 거다. 처음으로 베아트 씨를 봤을 때 나는 이렇게 말했다. "베아트, 안녕. 롤프 소개해도 될까? 우리 사무실에서는 서로 '두'를 사용하기로 했으니 이렇게 지키는 거야. 이런 방식이 잘 되었으면 좋겠네. 나는 카스파르야." 우리 셋은 이렇게 몇몇 문장을 서로 정중하게 교환했다. 하지만 롤프의 다소 긴장한 듯한 미소를 보니, 나의 뜬금없는 호칭 변경이 바람직한지를 두고 자기 마음속 대화가 아직 끝나지 않은 것 같았다. 이어서 산책을 하면서 나는 즉각 그걸 주제로 삼았다. 우리는 장단점에 대해 신속히 토론했다. 결국 우리는 '지'를 사용하기로 합의했다. 이건 이것대로 좋다.

여러분 회사에서는 어떤 호칭을 사용하는가?
여러분은 어떤 호칭을 선호하는가?
그리고 그 이유는 무엇인가?

2

카펫 깔린 층에서의
반란

얼마 전 나는 방을 가득 채우는 기다란 회의탁자 곁에서 별스런 대화를 나누었다. 작지만 나름 규모가 있는 금융업체의 매우 스위스적인 경영진과의 대화였다. 내 오른편에 대표이사가 자리를 잡았고 그 맞은편에는 감사위원회 구성원들이 앉아 있었다. 개인 간의 거리는 공간적으로 적절해 보였다.

감사위원회 의장이 내게 이렇게 알려 주었다. "우리 위원회 내에 엄청난 갈등이 있습니다. 위원들이 더 이상 대표이사를 따르지 않으려 합니다." 긴장감이 느껴졌다. 마치 바운티호 선상 반란(영국의 무장 수송선으로, 1789년 4월 28일 선원들이 선상 반란을 일으켜 선장 윌리엄 블라이와 선원을 망망대해로 몰아 낸 사건이다-옮긴이)이라도 되는 것 같았다.

당시 반란을 일으킨 자들은 붙잡히면 목이 잘리거나 돛대에 매달려 처형되었다. 다행히 당시의 영국과 달리 이 회의실은 무장되지 않았으니 고마운 일이었다.

"저 사람들은 빠른 속도로 나아가는 데에 익숙하지 않아요, 여러 가지 이유에서. 그뿐 아니라 과감하게 맞서는 데에 소극적이라 모든 잘못을 대표이사 탓으로 돌립니다. 그걸 그렇게 간단하게 처리하면 안 됩니다. 전문가의 도움을 받아 한두 달 시간을 내서 이 상황을 서로 원만하게 해결해야 합니다." 이것이 감사위원회 의장의 진군 명령이었다.

회의장에 앉아 있는 사람들의 대체적 견해는 대표이사가 물러나야 한다는 것이었다. 어떤 방식으로든 갈등을 조정하는 쪽으로 나아갈 준비가 되어 있다는 느낌은 전혀 들지 않았다. 대표이사 당사자는 지쳐 힘이 빠졌다는 인상을 주었고, 자기 주장을 간절하게 표명해 제2의 기회를 확보해야 하는데도 그러지 못하고 있었다. '가련한 사람 같으니라고.' 나는 생각했다. '위에서의 요구와 밑에서의 기대에 시달렸구나.' 이처럼 관계자들끼리 갈등을 처리할 생각이 없다면 당장 결별하는 것이 최선이다.

우리는 그 회사의 실제 상황에 대해서도 잠깐 이야기를 나누었다. 이 과정에서 현재 중요한 결정이 하나도 내려지지 않고 있음이 드러났다. 전략의 주도권이 모래 속에 처박혀 있고 기업이 마비되어 있었다. 직원들은 이런 상황을 어떻게 받아들일까?

만약 아무런 결정도 더 이상 내려지지 않고, 적막만 감돌고, 간부들은 중요한 일인 척하면서도 특정 문제에 대해 아무런 정보도 주지 않는 상황에서 갑자기 컨설턴트들이 나서서 설친다면, 회사에서 반란이 진행 중일 수 있다. 이런 상황에서는 머리를 움츠리고 가만히 기다리는 것이 좋다. 폭풍우가 지나가도록 내버려 두라는 말이다. 끼어들지 말고, 최후에 말에 올라타는 자가 누군지를 보라. 그런 다음 다시 문을 단단히 잠그는 것이다.

카펫 깔린 층에서의 반란

여러분은 최고경영자 집무실에서의 반란을 경험한 적이 있는가?
그 일에 어떻게 대처했는가?

부장을 보기만 해도
열불이 치밀어요!

최근 나는 커뮤니케이션 에이전시 업체의 한 여성 관리자와 대화를 나누었다. 점심을 함께 하는 업무 미팅에서 그는 자신의 열정적인 상사에 대해 심하게 감정적으로 이야기했다.

"그는 자기가 세상의 전부인 줄 알아요! 오로지 자기 의견만 고집한다니까요! 다른 사람 말은 들을 생각을 안 해요! 뭐든 '내가 해 봐서 아는데' 하는 사람이라니까요, 그것도 아주 철두철미하게! 게다가 머리카락에 미쳐서 그걸 그냥 가만두질 못하고 젊어 보이려고 염색을 해 댄다고요!" 나는 스위스의 언론인이자 미디어 기업인인 로거 샤빈스키 같은 그 상사를 마음의 눈앞에 떠올려 시각화해 보려고 했다. 단정하고, 각진 얼굴에, 역동적이며, 수많은 인생 경험에도 불구하고 청년의 태도를 가진 사람. 벌써 분명한 형상 하나가 내 앞에 떠올랐다. 그리고 좋지 않은 느낌도 함께 올라왔다. 그 이미지의 주인공 샤빈스키가 풍자작가 안드레아스 틸과 행한, 매끄럽게 흘러가지 않은 여러 인터뷰 장면들이 떠올랐기 때문이다. 그 인터뷰들은, 두 사람이 서로 이야기를 나누면서 각자가 상대방의 입장을 이해(상대의 견해를 인정하거나 받아들인다는 것과 혼동해서는 안 된다)하는 데에는 전혀 관심이 없을 때 이야기가 어디로 흘러가는지를 보여주는 훌륭한 교재다.

나는 "네, 무척 힘들 수도 있겠네요"라고 짧게 대답했다. 그러고는 동시에 그런 상사들이 흔히 지니고 있는, 카리스마 있고 인간적이며 다정스런 측면을 생각했다. 그런 점 때문에 사람들은 그런 상사를 늘 새롭게 용서해 주곤 한다. 이어서 우리는 그 상사를 어떻게 대할 것인지 구체적인 방법들에 대해 이야기를 나누었다. 이 내용은 이 책의 제2장 첫 번째 글(성질을 버럭 내는 상사라면)에 자세히 기술되어 있다.

"사실 무지 웃기는 거죠. 그 사람에 대해 지금처럼 이야기를 하면 대번에 열불이 치솟으니까요. 사무실에서도 가끔 이런 일이 있어요. 그의 뒤통수가 멀리서 보일 뿐인데도 분노가 치밀어요. 수류탄이라도 있으면 그 사람 있는 쪽으로 던져 버리고 싶을 정도로요. 그만큼 심하게 제 뱃속에서 뭔가가 근질근질거리며 올라온다니까요."

그 말에 나는 깜짝 놀랐다. 이 관리자는 상사의 뒤통수를 보는 것만으로도 신체적 감정적 반응이 일어나고, 그런 감정이 상사를 대하는 행동의 바탕이 되고 있었다. 남다른, 그리고 좀처럼 보기 힘든 자기 인식 행위이다.

여러분은 자신에게서 이와 비슷한 감정이 확인될 때 어떤 행동을 할 수 있을까? 앤소니 드 멜로(Anthony de Mello. 인도 출생의 예수회 신부. 영성의 대가—옮긴이)는 자신의 책 《깨어나십시오》에서 그런 상황을 훌륭하게 묘사했는데, 나도 동감이다.

1) 짜증스럽거나 부정적인 느낌이 다른 그 어디에 있는 것이 아니라 마음속에 있음을 받아들이라. 그건 상사나 동료에게 있지 않다. 이런 모양으로 오로지 자기 마음속에 존재하는 것이다. 그 책임은 자신에게 있지 다른 누구에게도 있지 않다. 다른 사람이 화를 촉발했다는 생각이 들 수 있다. 그건 당연히 옳다. 그래도 상황은 마찬가지다. 그럼에도 불구하고 그건 자기 느낌이다. 위의 사례와 연관지어 말해 보자. 그 상사의 뒤통수를 바라보는 것만으로 그렇게 격분 상태에 이르는 사람은 많지 않다. 다른 사람들에게 뒤통수는 아무것도 아니다. 하지만 그 여성 관리자에게는 그렇지 않았다.

2) 이 느낌을 더 잘 알아야 한다. 예를 들면 이 느낌이 마음속에서 어떻게 움직이는가를 눈여겨보라. 여러분은 몸속 어디에서 그걸 맨

먼저 감지하는가? 그걸 감지하고 나면 무슨 일이 일어나는가? 그 느낌은 언제 멈추는가? 아니면 그 느낌이 영원히 거기 남아 있기라도 하는가? 그걸 떠안고 사방 돌아다니다가 뒤통수가 시야에 들어오는 순간 펑 하고 터지며 더 널리 퍼지는가? 그렇다면 그것이 어떻게 몸속에서 확산되는가?

3) 몸이 보여주는 이런 반응들에 적절히 대처하라. 그 여성 관리자는 자기 상사에게 예컨대 이렇게 말할 수 있을 것이다. "제가 말을 끝까지 다하지 못하도록 막으신 게 벌써 O번째입니다. 이제는 그러실 때마다 버럭 소리를 지르고 싶을 정도가 되었습니다. 그렇기 때문에 적어도 지금은 더 이상 말씀을 드리기가 어렵습니다. 죄송하지만, 진정하고 나중에 말씀 드릴게요."

이런 상황은 상대에게, 심지어 스스로에게도 훈장질하는 것처럼 느껴지거나 다소 인위적이라고 생각될 수 있다. 하지만 폭발보다 다스림의 시간이 필요하다. 그리고 늘 처음이 어려울 뿐이다. 마치 댄스 교습 시간에 첫 스텝을 밟을 때, 새로 배운 외국어를 처음 사용할 때, 아니면 처음으로 아령을 들어 올릴 때와 비슷할 것이다.

여러분은 어쩌면 다른 처방을 알고 있을 수도 있다.
마음속에서 올라오는 짜증스런 감정에 어떻게 대처하는가?
그것에 대해 이야기해 주기 바란다.

4

모든 게 변해 버리면
뭐가 남을까

~~~~~~~~~~~~~~~~~~~~~~~~~~~~~~

최근 나는 매우 스위스적인 한 기업의 한 부서 직원 10여 명과 대화를 나누었다. 얼마 전부터 이 회사에 폭풍이 휘몰아쳤다. 디지털로의 변환과 4차 산업 혁명의 전개로 생겨난 폭풍이었다. 쉴 없는 변화와 새로운 프로세스의 흐름, 잘 돌아가던 팀의 해체, 오랜 기간 근무한 직원들이 이런 흐름에 적응하지 않고 회사를 떠나 버려 노하우가 붕괴된 것 등에 대해 직원들은 불만을 토로했다.

"이곳에는 이제 예전에 있던 것이라고는 하나도 없습니다"라고 한 직원이 말했다. 그는 27년 전 27세의 나이로 이 회사에 들어왔다. 신임 부서장은 모든 것을 다 없애 버렸다. 직원들은 부서장과 같이 끊임없이 워크숍에 참석해야 했다. 예전이 더 좋았단다. 전에는 그저 조용히 일을 할 수 있었기 때문이다. 여직원 한 사람은 이렇게 덧붙였다. "저는 그저 이 변화의 물결이 지나가기를 기다릴 뿐입니다. 그리고 제 일에 집중하죠. 제가 바라는 것은 우리가 다시 안정적인 상황으로 되돌아가는 것입니다."

말하자면 변화의 물결이 끝나기를 바란다는 희망이다. 나는 그 기간에 대해 물어보았다. 이 시기가 얼마나 오랫동안 지속될 것 같은가? "반년…?" 그러자 갑자기 웃음소리가 터져 나와 내 말이 끊겨 버렸다. "… 1년 아니면 3년? 5년? 여러분 생각은 어떤가요?"

참석자들은 궁금하다는 듯 서로를 쳐다보았다. 한 사람이 입을 떼어 어색한 분위기를 깨트렸다. "적어도 5년은 더 가야 모든 게 다시 잠잠해지겠지요." 참석자들은 마지못해 고개를 끄덕였는데, 그만큼 동의하고 싶지 않음을 암시했다. 집단이 각성하는 순간이었다. 그러자 "다시 예전처럼 안정적인 상황으로 돌아가지 못할지도 모르겠어요"라고 다른 한 사람이 이야기의 실마리를 계속 풀어 나갔다. "이런 지속적인 변화가 정상 상태가 되어 버릴지도 모르죠." "아니, 이미 그렇게 되어 버렸죠"라고 내년에 정년을 맞는다는 한 남성이 짧게 덧붙였다. 다른 사람들은 아직 그걸 알아차리지 못했다는 것이다. 그러더니 "여러분께는 미안한 말이지만, 나는 이제 그런 변화의 당사자가 아니어서 기뻐요"라고 말했다.

지속적인 변화가 정상인 상황이 오면 안정성을 바라는 것은 헛 일이다. 오히려 어떻게 하면 더 훌륭하고, 더 창의적이고, 더 쉽게 이 변화에 대처할 수 있는가에 집중하는 것이 바람직하다.

조직 내에서 일하는 데 필요한 핵심 능력 중 하나는(이는 유감스럽게도 아직 크게 조명 받지 못하고 있지만) 매끄러운 협업이다. 서로 다른 상황에서, 서로 다른 직급의 여러 사람들과 함께, 서로 다른 여러 프로젝트를 얼마나 신속하고도 큰 마찰 없이 잘 이끌어 갈 수 있는가? 상황이 바뀌면 관련자들은 또 얼마나 빨리 옛것을 놓아 버릴 수 있는가?

매우 스위스적인 이 기업의 직원들은 자기 평가를 실시했다. 질문은, 자신과의 협업이 얼마나 쉬운지 1점(불가능)에서 10점(완벽한 유연성) 사이의 점수를 매겨 보라는 것이었다. 전원 자신을 7점에서 10점 사이에 속한다고 채점했다. 이 결과를 보면 인간이 가진 자기 과대평가 경향을 다룬 더닝-크루거의 연구(더닝 교수와 크루거 교수는 코넬대 학부생을 상대로 한 연구에서, 무능한 사람은 자신의 능력을 과대평가하고 타인의 능력은 알아차리지 못한다는 결과를 얻었다 – 옮긴이)가 생각난다. 여러분에게는 그런 일이 일어나지 않기를 바란다.

이왕 이야기가 나왔으니 물어본다.
여러분은 얼마나 원만한 협업 상대인가?

권력, 계급 및
특권에 대하여

~~~~~~~~~~~~~~~~~~~~~~~~~~~~

최근 나는 공공 기관의 인사팀장과 대화를 나누었다. 흠잡을 데 없이 깔끔하게 차려입은 이 남성은 활기차게 나를 맞이했다. 키가 훤칠하고 힘도 세보이는 데다 정이 가는 저음의 소유자였다. 악수하는 손에는 힘이 실려 있었고 똑바로 내 눈을 바라보았다. 갓 우려낸 커피를 앞에 두고 그는 온통 실망스럽기 그지없는 어떤 만남에 대해 이야기했다. 그는 아직도 그 만남의 기억에 사로잡혀 있었던 것이다.

"그 친구들 말이죠, 거의 아무 말도 하지 않은 채 마치 떼지어 앉은 수탉마냥 이 소파에 죽 늘어앉아 있었습니다." 그는 그 멋진 건물의 최상층에 있는 널찍한 모퉁이 사무실 한쪽 끝에 배치된 의자들을 가리켰다. 그곳 창밖으로는 고개를 끄덕거리지 않을 수 없게 만드는 아이거, 묀히 그리고 융프라우의 풍광 일부가 360도 파노라마처럼 펼쳐져 있었다. "그 모든 대화를 제가 직접 이끌어가야 했습니다. 젊은 친구들이 그렇게 수동적인 태도를 보여 무척 실망스러웠습니다. 그 친구들은 이제 더 이상 어린애들이 아니거든요. 심지어 직업 교육 과정 수료를 앞둔 사람들도 몇 있었습니다. 제가 사나운 개처럼 무는 것도 아닌데 말입니다. 제가 서른다섯 살이니 그들보다 나이가 크게 많지도 않잖아요. 상황이 그렇다면 큰 압박감 없이 즐겁게 대화를 나눌 수도 있을 겁니다. 꼭 일에 대해서만 이야기해야 하는 건 아니니까요."

이 인사팀장에게 문제가 하나 있다. 그는 자기 직위를 너무 의식하지 않고 있다. 말하자면 그는 자신이 상대방에게 어떻게 비칠지를 제대로 알지 못하는 것이다. 그는 직업 교육을 받고 있는 연수생들을 같은 눈높이에서 대하려 했다. 왜냐하면 그는 자신이 그들과 비슷하게 '젊다'고 여겼고, '동등'하려고 했기 때문이다. 그런 기대감을 갖고 대화에 들어갔지만 교육 연수생들의 행동은 달랐다. 가장 중요한 계급 차이부터 겉으로 드러나는 그의 태도 그리고 공간적 여건까지, 명백한 차이가 여럿 있었는데도 그는 그걸 간과했다. 일을 배우는 연수생들은 인사팀장과 자신들을 구분하는 것이 무엇인지를 이미 알아차려 조심스럽고 소극적으로 행동한 것인데 말이다.

서열 차이는 계급상의 지위를 통해서만 생겨나는 게 아니다. 소득이나 재산, 교육 수준, 나이, 말의 유려함, 성적 지향, 피부색 또는 성별 등이 어느 정도 역할을 할 수 있다. 어떤 요소가 걸림돌로 작용할지는 상황과 상호 작용에 동참한 사람에 따라 다르다.

고위층 사람 중에는 이 인사팀장처럼 자신에게 부여된 능력과 특권을 거의 의식하지 않는 경우가 종종 있다. 다른 사람들이 자신과 똑같은 가능성을 갖고 있지 않다는 사실을 잘 모르는 것이다. 그래서 위의 사례에서 보듯 모순적인 상황으로 이어질 수 있다. 인사팀장은 수평적 리더십이라는 생각에 기반을 둔 평등주의자적 경향으로 인해 직업 교육 연수생들을 오히려 소극적으로 만들었고, 이 소극성은 다시 팀장의 불만을 불러왔다. 그는 이런 태도를 부적절한 수동적 태도라거나 심지어 저항이라고까지 해석했다.

서열이 더 높은 사람이 서열 관계를 너무 의식하지 않는 것은 갈등을 고조시키는 중요한 원인이다. 그런 경우에는 어떻게 해야 하는가? 인사팀장은 직업 교육 연수생들을 어떻게 대해야 하는가?

인사팀장은 양측이 동등한 것처럼 너무 가볍게 행동하면 안 된다. 오히려 차이를 일러줌으로써 서로의 관계를 명확히 할 수 있을 것이다. 예를 들면 이런 식이다. "모두 이렇게 와 주셔서 감사합니다. 앞으로의 활동을 기대해요. 이곳에서 여러분은 소속될 팀과 상사들을 만나게 될 겁니다. 큼직한 사무실, 그리고 여러분들에게는 좀 낯선 환경에서 말이죠. 낯설어서 말을 아끼는 분도 계실 텐데, 뭐,

괜찮아요. 다만 연수를 진행하는 입장에서는 적극적으로 질문하고 행동하는 태도가 좋아 보입니다. 팀과 상사로부터 최대한 많은 것들을 배우도록 노력하세요. 저는 인재를 발탁하고 배치하는 인사팀장으로서, 여러분들이 여기서 교육을 잘 받아 좋은 인상을 남기길 바랍니다. 자, 커피 마시고 싶은 사람?"

남녀 동료 직원과 비교할 때
여러분이 어떤 서열에 있는지 생각해 본 적이 있는가?
다음과 같은 질문으로 생각해 볼 수 있다.

내가 더 잘할 수 있는 건 무엇인가?
그리고 다른 동료에게는 없는 어떤 가능성이
서열과 결부되어 있는가?

6

하늘 꼭대기에 앉아 있는 여성 상사

최근 나는 보통 때와는 다른 토론을 했다. 상대는 50대의 여성 부서장이었다. 생기 가득한 표정에 우아함이 느껴졌고, 감탄이 나올 정도로 개방적이고 내숭도 없었다. 자기 생각을 정확히 내놓을 줄 아는 사람이었다. 일찌감치 책임자의 자리에 오른 그녀는 매력적인 미소와 함께 이야기를 시작했다.

다정하게 수다를 좀 떤 뒤 나는 단도직입으로, 매력 넘치는 여성으로서 남성이 주도하는 비즈니스 세계에서 어떻게 자리를 잡을 수 있었는지 물어보았다.

그녀는 아주 당당하고도 느긋하게 미소를 짓더니 이렇게 말했다. "그렇게 칭찬해 주시니 고맙습니다. 이제 이야기를 해 볼까요? 매력이라는 건 뜨거운 주제죠. 저에게는 그게 해가 되지는 않았습니다. 매력이라면 대개 여성들이 갖고 있는 거라고 생각하죠. 젊은 여성 직원들이 하는 말인데, 아직 그런 시대가 지나가지도 않았고요." 그녀는 아주 명쾌하게 신입 사원 시절 이야기를 시작했다. "대학에서 자연과학을 전공해 졸업한 뒤 어느 컨설팅 회사에서 일을 시작했습니다. 비서 직군을 빼면 제가 그 층 전체의 유일한 여성이었죠. 당시 저는 20대 중반이었고 직장 경험은 전혀 없는 상태였습니다."

그런 다음 그녀는 핵심을 이야기했다. "네트워크가 중요하더군요. 저는 그걸 즉시 알아차렸어요. 하지만 저의 중대한 문제는 동료 직원에게 점심 같이 먹자는 소리도 못 할 정도로 자신감이 없었다는 점이었죠. 사람들이 '연애하고 싶어서 저러나' 하고 오해할까 봐 두려웠어요. 저는 어떤 일이 있어도 업무에 관한 한 남들로부터 전문성이 있다고 인정받고자 했습니다. 그러다 보니 저의 여성성을 애써 뒷전으로 밀어내고, 이른바 중성적 존재로 생활하는 데에까지 이르게 되었죠."

잠시 숨을 돌린 뒤 그는 계속 말을 이어갔다. "그런 뒤 저의 젠더적 단점을 하나의 장점으로 만들 수 있는 단계가 왔습니다. 제 여성성이 특권일 수 있음을 깨달은 거죠. 저를 여성으로서 매력적이라고 여기는 남성 직장 동료와 고객 때문에 제 자신의 행동을 제약하는 짓은 더 이상 하지 말자고 마음먹은 것입니다. 처음 시작할 때는 좀 어색하고 쑥스러웠지만 마침내 저의 여성적 강점과 매력을 사업상

거래에 의식적으로 투입하는 데에 성공했습니다.”

나는 “만만찮은 경기장이었을 텐데요?”라며 끼어들었다. “그런 행동들이 오해를 불러일으키지는 않았나요? 소문 같은 것은 무시하더라도 말입니다.”

“여성은 자신이 원하는 게 뭔지를 유리처럼 투명하게 알고 있어야 합니다. 그리고 거기에서 한 치도 벗어나서는 안 됩니다. 저는 당연히 선을 넘는 제안도 받았습니다. 때로 그런 제안들은 이해할 수 없을 정도로 뻔하고 직접적이었습니다. 그런 경우 저는 예의 있게 거부 의사를 밝혔고 모욕감도 느끼지 않았습니다. 끝끝내 엉겨 붙는 사람이 있으면 즉각 접촉을 최소화하고 철저하게 업무적으로 대했습니다.”

좀 더 나이가 들고 직책이 올라간 뒤 그가 이런 문제에 어떤 태도를 취했는지도 관심이 갔다. “나이 든 여성에게는 이런 성 역할 게임이 젊은 여성과는 다른 의미로 작용합니다. 여성성에 가치를 두고 활동하는 인물 중에서 비즈니스 세계에서 일하는 여성의 본보기가 되는 분은 아직 많지 않습니다.” 그는 시계를 쳐다보더니 시간이 많이 지났다며 깜짝 놀랐다. 그리고 이제 그만 가 봐야겠다고 말했다. 식당 종업원이 와서 코트 입는 것을 거들어 주는 동안 그는 자신의 롤 모델을 이야기해 주었다.

"유럽 중앙은행 총재를 역임한 프랑스의 크리스틴 라가르드, 007 영화에서 제임스 본드의 상관으로 나오는 엠, 오랫동안 취리히 주정부 각료 및 지사를 역임한 레기네 애플리 같은 분들이 위풍당당하고 힘센 여성이죠. 신비로운 눈빛을 내뿜는. 이런 분들은 자신의 여성적 매력을 마음껏 발산하죠. 안팎으로 말입니다. '제가 마음에 드시는지?'는 애당초 궁금해하지 않고, 반대로 '다른 사람들이 과연 내 마음에 드는가?'를 생각하는 분들입니다."

♛

다음 질문을 파고들어 보라. 현재 나는 인생의 어떤 시기에 와 있는가?
개인적인 발전을 위해 나는 무엇을 배우고 지켜야 하는가?
그러기 위해 어떠한 계획을 갖고 있는가?

7
관점을 바꾸는 건
쓸모 있는 일

최근 나는 반도체 산업 분야의 노련한 엔지니어 한 명과 대화를 나누었다. 그는 과거에 여러 건의 기술적인 어려움을 책임지고 돌파한 인물이었다. 이와 관련된 다수의 특허 덕분에 그 기업은 오늘날까지 두둑한 이익을 내고 있다. 개인적으로 만나 보니 편안한 성격이었고, 상당한 정도의 기술 분야 노하우와 논리적인 사고력을 갖고 있는 게 느껴졌다. 공식적으로 직원을 이끄는 위치에 있지는 않았지만 남을 잘 설득하는 능력도 갖고 있었다. 당시 그의 단 하나 불만은 다른 부서와 협업할 때 전혀 다른 프로세스를 요구하는 여성 상사였다.

그 엔지니어는 나와 업무 미팅을 하다 잠깐 쉬는 시간 나눈 대화에서 은밀하게 말했다. "그 아줌마 말이지, 그런 식으로 폼 잡으면 안 된다고요. 수년에 걸쳐 체계화한 프로세스를 왜 갑자기 바꾸어야 한단 말입니까? 우리가 지금까지 성공적으로 실행해 온 작업 방식을 그 아줌마의 설익은 아이디어 때문에 포기한다면 그건 아주 멍청한 짓이죠. 그녀는 그걸 '기능 통합적 협력 관계(분야를 달리하는 전문가들이 공통의 목표를 위해 서로 협력하는 것 — 옮긴이)'라 말하더라고요."

그의 저항감이 손에 잡힐 정도로 분명하게 느껴졌다. 그는 행복해 보이지 않았다. 그래서 물어보았다. "이 상황을 다른 쪽에서 관찰하는 실험을 한번 해 보시겠어요?"

궁금하다는 눈빛. 잠시 침묵. "안 할 이유가 없죠. 지금까지의 미팅보다는 분명 더 짜릿할 테니." 나는 그걸 동의의 신호로 받아들였다.

"선생님 상사와 상호 작용 중이라고 상상해 보십시오. 선생님이 평소 자주 하시는 말씀, 그런 다음 그 여성 상사가 평소 자주 하는 답변 등등을 말입니다." 입을 뗐으면 실행하는 거다.

"이제 잠깐 선생님이 그 여성 상사라고 상상해 봅시다. 그 상사처럼 말씀해 보세요. 그리고 동작도 그 상사처럼 하는 겁니다. 좀 과장되게 표현하실 수도 있겠지요."

그는 연기는 잘하지 못한다고 했다. 하지만 얼마 지나지 않아 역할극에 빠져들었고, 재미를 느끼기 시작했다.

나는 "끝내주네요. 대단합니다. 이제 잠깐 그 여성 상사 역할에 머물러 계세요"라고 그에게 말했다. "선생님(여성 부서장)이 여성 동료 한 명과 바에 앉아 있다고 상상해 보십시오. 제가 잠깐 그 여성 동료라고 합시다. 그리고 우리 둘이 함께 선생님(여성 부서장) 부서의 그 노련한 엔지니어에 대해 이야기를 하는 겁니다."

그렇게 나는 그 여성 부서장의 여성 동료로 분해 대화를 이끌어 나갔다. "이봐, 그 문제의 사건 말이야, 지금 도대체 어떻게 되어 가는 거야?" 그 엔지니어는 좀 머뭇거리더니, "어휴, 사람 진이 다 빠질 지경이야. 그 엔지니어 친구, 예나 지금이나 만만찮기는 마찬가지지 뭐."

"무엇 때문에 그렇게 진이 빠진다는 거야, 도대체?"

"그 친구 말이야, 도무지 내 말 들을 생각을 안 해. 거만한 데다 태도도 부정적이야. 옛날의 자기 월계관에 도취한 나머지 상사의 말을 잘 들으려 하지 않거든. 다른 사람이 있는 자리에서 나를 골탕 먹이기도 한다니까 글쎄. 내 지시도 안 따라. 배구로 치면 블로킹 선수라고, 다 막아 버리는. 부서 전체에 부정적인 영향을 심하게 끼치지."

"그런데 그 친구, 부서장인 너를 어떻게 생각해?"

"글쎄, 전혀 모르겠어. 때로 여자들에 대해 툴툴거리는 말을 입에 올리기도 하는데…. 하지만 나를 상당히 존중하는 것 같기도 해. 왜냐하면 내가 모든 프로젝트를 시작하고 실행까지도 하는 걸 그 친구가 알거든."

"너는 그 친구 어떻게 생각해? 아냐, 이렇게 물어보자. 그 친구 태도 언제까지 더 봐 줄 거야?"

"사실 난 그 친구 무조건 붙잡아 두고 싶어. 기술적으로는 완전 최고거든. 하지만 계속 저렇게 나간다면 일은 어려워지는 거지. 그렇게 되면 곧 요란한 소리가 나겠지."

그 엔지니어가 얼마나 빠르고 디테일하게 자기 여성 상사 역할을 해내는지 놀랄 지경이었다.

"그 친구와 협업하면서 생기는 문제를 해결하려면 너는 뭘 해야 한다고 생각해?"

다시 살짝 머뭇거린다. "그 친구가 부서 전체에 얼마나 중요한 존재인지를 한번 언급해 주어야 하지 않을까 싶어. 기술적 관점에서 봤을 때 그렇다는 거지. 그리고 지난 일이기는 해도 그 친구가 이룬 모든 성과에 대해 고맙다는 말을 한번 제대로 해 주어야 할 것 같아⋯. 그것도 그 여성 상사가 직접."

이 대목에서 우리의 역할극은 중단되고 말았다. 잠깐 휴식. 좀 감동했는지 그 엔지니어는 자기도 모르게 자신의 본디 모습으로 되돌아가 버렸다. 그는 흥분이 가라앉은 목소리로 이렇게 말했다. "저는 이따금 사나운 힘자랑꾼처럼 행동한답니다. 부장님이 저를 미워할 수밖에 없죠. 하지만 부장님도 제가 받아 마땅한 존중의 태도를 제게 보여 주어야 합니다."

관점 바꾸기는 강력한 도구다. 다른 사람의 신발만 신어 보는 게 아니라 그의 내면 속으로까지 들어가 보는 것, 즉 강력한 역지사지는 때로 감당하기가 만만찮은 요구에 가깝다. 프리드리히 니체는 이에 대해 《인간적인, 너무나 인간적인》에서 이렇게 썼다.

> **"자기 자신이**
> **현재의 자기 모습임을 알려는 자는**
> **한 손에 든 횃불을 들이대**
> **자기 자신을 놀라게 할 줄 알아야 한다."**

관점 바꾸기

여러분은 스스로를 알기 위해 어떤 노력을 하는가?
관점 바꾸기라는 도구를 이용해 여러분이 경험한 것은 무엇인가?

인간은
바뀔 수 있는가

최근 나는 로터리클럽 회원들과 또 한 차례 이 제목과 관련한 대화를 나누었다. 회원들이 '효과적인 코칭'이라는 주제로 강연해 달라며 고맙게도 나를 초청했던 것이다. 곧장 질문이 나왔다. 그리고 그 질문은, 대개 그랬던 것처럼 약간 미심쩍다는 듯한 저음의 목소리를 통해 울려 퍼졌다. "어떻게 생각하십니까? 인간은 과연 바뀔 수 있을까요?"

코칭을 돈 낭비라고 보는 관리자들에게 내가 자연스럽게 자주 하는 질문이다. 그 질문은 나의 직업을 넘어 인간 존재의 핵심 문제이기도 하다. 수천 년 전부터 논쟁거리였던.
답을 찾으려면 '바뀐다'는 말이 무슨 뜻인지 분명히 알아야 한다.

사람이 자신의 태도를 뚜렷하게 바꿀 수 있음을 보여주는 구체적 사례들은 오래 전부터 있었다. 사울이 바울이 되었고, 니클라우스 폰 플뤼에(1417~1487. 스위스의 수호성인. 맏아들이 20세 되던 때에 집을 떠나 산 속에서 수도자로 살았다. 마지막 19년 동안은 성체 외에는 물만 먹었다는 설이 있다. 1947년에 시성되었다 – 옮긴이)는 은거하는 수도자가 되었다. 사람은 특히 일흔 살 넘으면 변한다는 연구 결과도 있다.

기업 시각에서도 이 문제는 중요하다. 직원 개개인의 행동 방식을 바꾸는 데에, 예컨대 공감을 더 많이 표현하거나 더 잘 들을 수 있는 능력, 또는 업무상의 관계가 원만하도록 관리하는 능력에 얼마를 투자해야 하는가가 달린 문제이니 말이다.

그 질문에 나는 "여러분 생각은 어떻습니까? 여러분은 바뀔 수 있나요?"라고 반문했다. 이렇게 함으로써 나는 이 주제를 '지금, 여기'로 가져왔다. 강연장 내에 당혹스러운 듯한 웃음이 퍼졌다. 내게 질문한 사람은 "제가 보기에는 변하지 않는 인성의 핵 같은 게 있는 것 같습니다. 하지만 당연히 약간은 변할 수 있죠"라고 말했다. 그리고 이렇게 덧붙였다. "마음만 먹으면 말입니다."

"여러분이 무엇을 할 수 있고 무엇을 할 수 없는지는 여러분의 신념에 달려 있습니다"라고 내가 대범하게 맞받아쳤다. 사방이 궁금하다는 표정으로 가득했다. 그래서 나는 말을 이어갔다. "만약 자기를 바꾸는 것이 가능하다고 여러분이 믿는다면, 그렇다면 변화할 가능성이 있습니다. 하지만 나이 스물이면 신경계에 철조망이 완전히

쳐지기 때문에 더 이상의 변화는 없다고 믿는다면, 그렇다면 그 가능성은 최소화되는 거죠."

마틴 셀리그만의 고전 《아픈 당신의 심리학 처방전(What you can change and what you can't)》을 읽거나, 취리히대학의 뇌 연구가 루츠 옌케 교수의 이 주제 관련 동영상을 보라(www.youtube.com/watch?v=oVr_Pbo88Ow). 우리 뇌는 한 가지 활동을 몇 번 되풀이하고 나면 이미 눈에 띄게 변한다는 사실을 여러분은 알고 있었는가? 신경생물학자 게랄트 휘터가 학습 과정에서 열정의 중요성에 대해 내세운 명제들도 흥미롭다.

그 사이 식당 측은 음식을 언제 내오면 되는지를 다시 한번 물어왔다. 그래서 나는 다음과 같은 간결한 권고로 강연을 마무리했다. "하지만 제가 볼 때 가장 중요한 건 말이죠. 남의 것이 아니라 여러분 자신의 생각을 하는 것입니다. 그리고 그 생각이 맞는지 그른지를 여러분 자신의 사례에 적용해 점검해 보시기 바랍니다."

♛

여러분 생각은 어떤가? 인간은 자기 행동 방식을 바꿀 수 있다고 보는가?
만약 바꿀 수 있다면 그 변화는 어떤 식으로 진행되는가?
그렇지 않다고 본다면 여러분은 왜 그 문제로 늘 되풀이하여 씨름하는가?

9

여러분은 죽음의 사분면 안에서
일하고 있는가

~~~~~~~~~~~~~~~~~~~~~~~~~~~~~~~~~~~~~~

얼마 전 나는 미디어 업계의 비교적 젊은, 아주 깨인 여성 한 명과 짜릿한 대화를 나누었다. 고전적인 인쇄 매체를 통한 저널리즘은 잘 알다시피 서서히 그러면서도 확실하게 경쟁에서 밀려나고 있다. 다양한 의견이 복수의 매체를 통해 표현되는 것은 민주주의의 바탕으로서 무척 중요하다고 수도 없이 떠들어 댔지만 상황은 그렇게 흘러가고 있다.

이 여성은 자기가 일하는 분야의 최근 현상에 대해 이야기했다. 혁신의 리듬도 지체되고 직원 숫자도 몇 년 동안 지속적으로 줄고 있다고 했다. 그리고 저널리즘 서비스에 대한 자신의 열정을 카펫 깔린 고위층 집무실은 공유하지 않는 것 같다고 덧붙였다. "회사에서는 이제 한 푼도 더 투자하지 않는답니다. 그것도 이미 오래 전부터 말이에요. 이익을 빵빵하게 내고 있는데도 그렇다는 거죠. 경영진은 이제 저널리즘은 사업 아이템으로 적당하지 않다고 여기는 겁니다. 정말 제가 아직 희망을 갖고 있는 유일한 존재일까요?"라고 힘없이 말했다.

탁월한 질문이다. 이 여성은 개인적으로 학습의 중요 지점에 이르렀으니 이제 경영학의 핵심 개념 하나를 배워야 할 때다. 이른바 보스턴 컨설팅 그룹 매트릭스라는 것이다. 이 매트릭스를 아주 짧게 줄여 설명하자면, 기업은 장기적으로 가장 매력적인 이익을 내는 사업 분야에 투자한다는 것이다. 사례를 보자. 여러분이 현재는 비록 이익을 내지만 미래에는 아무런 성장도 기대할 수 없는 분야에서 일하고 있다고 치자. 보스턴 컨설팅 그룹의 매트릭스에 따르면 '캐시카우' 같은 사업 분야다. 규범적 전략(경쟁력이 있고 시장이 매력적이면 투자를 통해 시장 지배력을 확보한다는 전략–옮긴이)으로 권하는 것은, 자유로운 현금 흐름을 최대화하라는 것이다. 무슨 말이냐면, 투자를 제로로 낮추라는 것이다.

하필이면 여러분이 여기에 해당한다면 이건 망한 거다. 공개적으로 언급되는 경우는 거의 없다. 여러분 분야의 임금 인상률이 1%도 안 되는 수준에서 오락가락한다면, 직원 숫자가 지속적으로 줄어들고 있다면, 복사기를 더 이상 신형으로 교체해 주지 않는다면, 소프트웨어 업데이트를 더 이상 해 주지 않는다면, 사무실 입구의 벽들이나 카펫이 낡아 보인다면, 그러면 여러분은, '아, 내가 죽음의 사분면에서 일하고 있구나'생각하면 된다. 이 미디어 업계 여성의 의구심은 안타깝게도 아주 정확했다.

더 우아하게 표현하면, 여러분은 캐시카우 즉 현금을 창출하는 사분면에서 일하고 있는 것이다. 거기서 나온 여유 자금은 다른 분야의 혁신에 투자된다. 이 사실을 아는 게 무슨 좋은 소식이라도 되는가? 물론이다. 여러분은 경영학적 사고의 핵심 하나를 얻은 것이다. 이제 회사 재무 담당 간부의 냉정한 눈길이 성공, 무능, 갈등, 분노, 애정 및 화해를 둘러싸고 돌아가는 여러분 부서로 향하고 있음을 알게 되었다는 얘기다. 그렇다면 직원으로서 여러분이 할 수 있는 일은 무엇인가?

첫째, 경영진에 대해 분노하지 않아도 된다. 기술 혁신이 이루어지면 여러 사업 분야가 경쟁에서 떨어져 나간다. 이는 경쟁 시스템의 본질이다. 다수의 산업 분야 및 직업 범주들이 그런 식으로 사라지기도 한다. 경제학자 요제프 슘페터는 이를 '창조적 파괴의 힘'이라고 적확하게 정의했다.

둘째, 자신이 어디에서 일하고자 하는지를 결정할 수 있다. 적어도 일정한 범위 내에서 말이다. '스타' 사분면으로 가고 있는 사업 분야의 일자리를 찾아 보라. 거기는 젖과 꿀이 흐르고 새로운 시작이 일어나는 곳이다. 취업 면접에서 이 점을 분명히 밝히라. 그러면 긍정적인 주목을 받을 것이다.

셋째, 심리적으로 외부 환경으로부터 독립적이고 자유로워야 한다. 설령 여러분 분야가 지속적으로 규모를 축소해 가더라도 얼굴 찌푸린 채 사방 돌아다니면서 주변 분위기와 자기 자신을 병들게 할 필요는 없다. 차라리 바뀔 수 없는 상황에서 최선을 다하라. 아울러 아주 강한 인상을 남기는 책을 읽어 보라. 빅터 프랭클의 《죽음의 수용소에서》가 그런 책이다. 그런 다음 자기 삶의 의미를 스스로 규정해 보라. 그리고 그것을 실행하라. 지금 어디서 일하고 있는지는 상관없다.

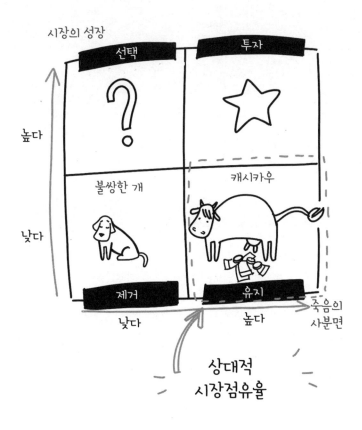

여러분이 속한 조직 단위는 현재 어떤 사분면에 위치해 있는가?
여기서 여러분은 자신의 직업적 경로에 대해 어떤 결론을 내리겠는가?

★ ★ ★

제 6 장

그 외에
주의해야 할 일

엽기적인 상황과
마주쳤을 때

이제 마지막 장이다. 여기에는 평범한 일상에 돌을 던지는 것과 같은 질문을 담은 글 네 편이 있다. 글에 묘사된 각종 상황은 거의 엽기적이라는 느낌까지 주고, 제기된 질문은 철학에 가까울 정도다. 낯선 것과 마주칠 준비를 하고, 나름의 해결책을 찾아 보라. 그리고 여러분을 지금까지보다 더 멀리 데려다 줄 길로 나와 함께 과감히 나아가 보자.

1

상사에게서
좋지 않은 냄새가 난다면

최근 나는 취리히의 한 백화점 식료품 매장에서 아주 열띤 대화를 나누었는데 상대는 미디어를 제작하는 매력적인 직원이었다. 우리가 있었던 장소는 장보기가 황홀경 체험이 되는 곳으로, 계산대 곁에 서 있으면 그 황홀경을 똑똑히 확인할 수 있었다.

우리는 수다를 떨 기회가 좀처럼 없었다. 그래서 나는 이 놀라운 만남을 기대하고 있었다. 우리의 대화는 대번에 내 블로그 내용과 그것이 어떻게 받아들여지는지를 죽 훑었다. 미디어 제작자는 솔직하게 내 블로그 글의 첫 몇 편을 읽었다고 말했다. 첫 번째 글은 자기 생각으로는 정말 엉망이었으며, 나머지 둘은 오케이였단다.

이와 관련하여 여러분이 꼭 알아야 할 점이 있다. 이 사람 입에서 나온 오케이는 기사단 입단을 허락한다며 칼등으로 어깨를 건드려 주는 것과 같다는 뜻이다. 하지만 그게 내가 계속하려는 이야기는 아니다. 핵심은 그가 덧붙인 다음과 같은 말이었다. "아니, 보통 사람들과 관련된 글도 써 보시라는 겁니다. 카펫 깔린 곳에서 일하는 높으신 분들 얘기만 쓰지 말고. 사람들이 흥미를 가질 만한 주제를 하나 골라 보시라고요." 그러더니 "예를 들면, 팀장에게서 냄새가 나는데 그럴 때에는 어떻게 해야 하냐, 뭐 그런 것에 대해서 말입니다"라는 새로운 발상을 던졌다.

그렇다. 이 제안에는 당연히 나를 찔러 보는 의도가 숨어 있었다. 하지만 그 핵심 아이디어는 나의 구미를 돋우었다. 나는 내 마음속으로 들어가 질문해 보았다. 그런 문제 제기를 직접 들어 본 적이 있었던가? 컨설팅을 하면서 이 주제를 다루어 본 적이 있었던가? 갑자기 아무런 생각도 떠오르지 않았다.

그런 다음 우리는 블로그 자체에 대해 그리고 의도한 효과에 대해 더 이야기를 나누었다. 수많은 댓글 작성자와 혹시 그들에게 있을지도 모를 동기에 대해서도. 생각에 잠긴 채 나는, 사람들이 나를 깊이 이해하지 못하는 것 같다고 말했다. 하지만 이야기의 핵심을 더는 붙들고 있을 수 없었다. '팀장에게서 냄새가 나'라는 제목이 내 마음속 화면에 네온사인 반짝이는 큰 글자로 떠 있었기 때문이다.

나는 오늘까지도 그걸 내려놓지 못하고 있다. 이 문제로 질문한 사람에게 무슨 조언을 할 수 있을지 몇 번이나 숙고해 보았다. 이따금 취리히의 식료품 매장에 들를 때면 이 대화가 생각난다. 정말 해결책을 원해서 이런 질문을 한 걸까? 그 미디어 제작자가 그냥 떠벌인 것일까? 그 사람은 어차피 시청률만 째려보는 사람이니까?

우리 **팀장님한테서**
좋지 않은 냄새가 나는데 어쩌지?

여러분은 상사가 후각적으로 만만찮은 존재였던
상황을 경험한 적이 있는가? 그럴 때 어떻게 반응했는가?
여러분은 그 문제를 어떻게 해결할 수 있었는가?

에로틱한 것은
직장에서 어떤 역할을 할까

얼마 전 나는 업무상 만남이 끝날 무렵 간부들이 소규모로 모인 자리에서 놀라운 대화를 나누었다. 그 자리에 있던 사람들의 성별은 절반은 남성, 절반은 여성이었다. 성적 지향에 관한 한 분명 이성애 일색일 만큼 평범한 성향의 사람들이었지만, 그 점에 대해 더 이야기할 필요는 없을 것이다.

정말 좋은 북이탈리아산 포도주 한 병이 도움을 주었는지 모르겠지만 우리는 열띤 대화를 나누었고, 주제는 미지근한 '심층 민주주의 리더십(리더십에 대한 혁신적 발판)'으로 시작해 '여성이 리더로서 남성보다 더 효율적인가?'라는 젠더 논쟁으로, 다시 '에로틱한 것이 조직 내에서 나름의 작용을 하는가'라는 주제로 이어졌다. 이에 대

한 책상머리 대화는 활발했고, 놀라울 정도로 다양했다. "조직 내에
서의 에로틱한 것이라고?" 첫 번째 남성이 놀라서 말했다. 그는 눈에
띄게 매력적인 여성 조수 한 명과 함께 그곳에 온 사람이었다. "그건
아무런 영향도 없죠. 우리는 결과에 집중하니까요. 제가 늘 하는 말
이 '비즈니스 중의 비즈니스는 비즈니스'라는 겁니다."

그러자 두 번째 남성이 "바보 같은 질문입니다. 에로틱한 건 당연
히 나름의 의미가 있어요!"라고 끼어들었다. 그는 잘 차려입고 매력
적인, 한편으로는 좀 으스대는 유형이었다. 거의 오만으로 똘똘 뭉
친 듯 확신에 가득 찬 목소리로 그는 다음과 같은 제 나름의 논리를
펼쳤다. "에로틱한 요소는 사람의 행동에 영향을 미치는, 분명 조직
내 가장 강력한 힘 중 하나라 할 수 있습니다. 마치 중력 같다고나
할까요. 인간의 모든 현존과 공존을 통제하는 어떤 힘이죠. 우리가
그걸 의식조차 못하는 사이에 말입니다. 물론 직장 내에서도 마찬가
지입니다. 하지만 아무도 그걸 자신 있게 말하지는 못하지요."

"저는 개인적으로, 그게 별로 영향력이 없다고 생각합니다"라고
경제학 공부를 한, 다소 까칠해 보이고 편안한 신발을 신은 여성이
말했다. "하지만 좋아요. 같은 조건에서라면, 매력이라는 걸 어떻게
정의하든 매력적인 사람이 더 나은 출세 기회와 소득을 얻는다는
이 연구 결과들을 보면, 사람들은 이미 그렇게 생각하고 있다는 말
이겠지요. 적어도 외모에 대해서는요. 하지만 그건 에로틱한 것과는

좀 다르죠."

"그렇다면 기업 컨설팅 회사에 무엇 때문에 일종의 짝짓기 금지 같은 규율이 존재할까요? 에로틱한 것이 아무런 역할을 못한다면 말입니다. 그런 것으로 인해 문제가 생기지 않을 것 같으면 엄격한 조치도 필요하지 않겠지요"라고 네 번째 여성이 답변으로 끼어들었다.

"에로틱한 건 사실 모든 상황에 다 작용하지 않나요? 각각의 사회적 맥락에 따라 그런 양상들을 적절하게 표현하는 데에 우리는 그냥 익숙해져 있는 거고요. 그렇게 본다면 모든 조직들은 자기네에게 합당한 에로틱한 것을 갖고 있는 것입니다." 탁자 곁에 있던 한 남성이 빈약한 내용을 우아해 보이는 언변으로 덧칠하며 이렇게 말했다.

그렇게 이야기는 이어졌다. 남성과 여성으로 의견이 나뉘는 것도 아니고 일정한 기준도 없었다. 그저 사람마다 생각이 다를 뿐이었다. 이 세상이 어떤 모습인가를 규정하는 것은 바로 각자가 개인적으로 설치한 여과 장치다. 마샬 맥루한은 자신의 저서 《지구촌에서의 전쟁과 평화(War and Peace in the Global)》에서 이렇게 썼다. '물고기들이 제대로 알지 못하는 것이 하나 있다. 그건 물이다. 왜냐하면 자신들이 어떤 요소 안에서 살고 있는지 생각하게 해 줄 반환경(anti environment) 능력을 물고기들은 갖고 있지 않기 때문이다.'
여러분은 물고기이고자 하는가?

에로틱한 것이
모종의 역할을
하는가?

여러분 의견은 어떤가?
여러분은 어떤 경험을 했는가?
에로틱한 것은 직장 생활에 어떤 역할을 하는가?

인생을 절반 산 사람에게 주는
크리스마스 선물

최근 나는 동창회 모임에서 예전의 대학 동기와 대화를 나누었다. 그녀는 뛰어난 관찰 능력, 다양한 직업 경험, 그리고 아주 대단한 낯 두꺼움까지 뒤섞인, 알싸한 칵테일처럼 보였다. 그녀는 남편과 남편의 회사에 대해 이야기했는데, 남편은 이른바 빅4에 속하는 대형 회계법인에서 일하고 있었다. 그 회사에서는 얼마 전 내년도 연간 목표를 발표한 바 있다.

그녀는 남편 회사를 한참이나 씹어 대다가, "말도 안 되는 목표라고. 멍청한 조직에 멍청한 사장이지"라고 딱 잘라 정리했다. "회사가 그렇게 된 지 한참 되었어. 그런데 정말 짜증나는 게 뭔지 알아? 남편이 집에 와서 끙끙 앓는다는 거야. 아니, 그럴 게 아니라 자기가 하고 싶은 일을 하면 되잖아. 채식 레스토랑을 크게 차리든지, 스위스의 고지대 습지를 탐사하든지, 7대양을 플라스틱 쓰레기로부터 해방시키든지, 웨어러블 스타트업을 본 궤도에 올려 놓든지, 아니면 마침내 우주에서 암흑 물질을 발견하든지 말이야. 그것도 아니면 선사들이랑 도 닦으러 가든지. 그 사람 뇌 속에서 도대체 뭐가 돌아다니는지, 도무지 알 수가 없다니까." 그리고 단호한 말투로 이렇게 덧붙였다. "하지만 어쨌든 앞으로 나아가야 해. 그것도 제대로. 이런 배짱 없는 방식은 아니야. 청승맞은 소리는 이제 집어치워야 해." 말은 명쾌하다.

식탁 곁에 있던 친구들이 귀를 쫑긋 세웠다. 그 자리에 없는 이에 대한 일말의 동정심이 방 안을 감돌았다. 자기 생각에 다소 매몰되어 그녀는 이렇게 물었다. "남편 선물로 크리스마스 트리 아래에 뭘 갖다 놓으면 좋을까?"

우리는 정중하게 아이디어를 모았다. 일종의 화해의 브레인스토밍이었다. 아이디어가 한 다스 모였다.

★ 헌터, 미그29 또는 L39 알바트로스 제트 전투기 몰기. 스위스나 체코에서는 속도를 더 내도 된다.

★ 반년 동안 방향을 바꾸어 완전히 다른 직업 세계로 들어가 본다.

★ 극한 등반가 윌리 슈테크와 함께 스위스의 모든 4천 미터대 산을 오른다.

★ 모리스 드 모리악 시계 하나. 이 시계는 다음 세대도 갖고 싶어 한다.

☆ 망원경을 사서 차가운 밤에 별을 본다. 좀 진전이 있다 싶으면 유럽 초대형 망원경(E-ELT)이 있는 칠레 아타카마 사막으로 여행을 떠난다.

☆ 알비스리덴(취리히 내의 동네─옮긴이)의 옛 설탕 공장 안에 자리 잡은 최신식 요가센터 6개월 이용권을 한 장 산다.

☆ 페라리 360 F1을 몰고 몬차(북이탈리아 밀라노 인근의 소도시로 이탈리아 그랑 프리 경기가 열리는 곳─옮긴이)로 떠난다.

☆ 전문 안내자와 함께 집에서부터 산티아고 데 콤포스텔라로 순례를 떠난다.

☆ 네슬레 CEO 및 감사위원회 의장을 지낸 페터 브라베크처럼 헬리콥터 파일 럿 교육을 받는다.

☆ 전직 마라톤 선수 빅토르 뢰틀린과 함께 마라톤을 연습한다. '꿈 꿀 수 있으면 할 수 있다.'

☆ 부부용 1년짜리 탄트라 훈련에 참가한다.

☆ DJ용 장비 풀세트와 트렉터 소프트웨어를 구입해 오스트리아의 듀오 크루더&도르프마이스터에게서 황홀한 소리를 신비롭게 믹스하는 기초 교육을 받는다.

  그 회계사가 장부를 감사할 뿐 아니라 책을 읽기도 한다면, 나는 다음과 같은 책을 크리스마스 트리 아래에 선물로 놓아 둘 것이다. 호주의 작가이자 작곡가인 브로니 웨어의 《내가 원하는 삶을 살았더라면》, 러시아 기업인 미하일 호도르코프스키의 《나의 길(Mein Weg)》, 그리고 독일 철학자 미하엘 보르트의 《자신을 참고 견디는 기술(Die Kunst sich selbst auszuhalten)》 등이다.

나의 대학 동창은 기쁜 표정으로 집으로 돌아갔다.

인생을 절반 산
사람에게 주는
크리스마스 선물

내가 인생 중반에 다다랐다면 내게 주고 싶은 선물은 무엇인가?

문제를 다루는
방식의 차이

최근 나는 스위스의 언론인이자 정치인인 로거 쾨펠과 내밀한 대화를 나누었다. 그와 나는 오래 전 체육 수업을 함께 받았다. 멋진 플로어볼 경기를 할 때면 사방으로 마구 흩날리던 그의 머리카락이 내 기억 속에 선명하게 남아 있다. 대화를 할 때 그는 에두르지 않는 타입이었다. "우리가 스위스를 구해야 해. 우리는 전환점에 서 있다네. 타국의 행정관과 판관이 우리를 에워싸 독립을 빼앗으려고 하네. 향후 이삼십 년은 살아남느냐 죽느냐의 시간일세. 함께할 텐가?"

그는 평소 유머가 많고 분석적이며 독창적인 사람이라 늘 감탄하게 되지만, 그 말에는 일단 정신을 좀 가다듬어야 했다. 다시 당혹스런 상황에 빠져 버린 것이다. 그의 절박한 말은 나를 개인적으로 염려해서인가 아니면 집착에 가까운 것인가?

"에, 나는 도무지 모르겠네요. 스위스를 위해서라고?"라고 나는 머뭇거리며 대꾸했다. 찬란한 빛의 바다(Strahlenmeer. 스위스 국가에 나오는 표현 – 옮긴이) 속에 아들과 함께 있는 빌헬름 텔이 보였다. 이쪽에는 석궁, 저편에는 번쩍이는 도끼날 달린 창. 피어발트슈테터 호수 위의 붉은 새벽 노을. 울리히 옥센바인(스위스 연방 헌법을 기초한 군인 겸 정치인 – 편집자)과 1848년의 스위스 연방 헌법. 배경으로는 아이거, 묀히 그리고 융프라우라는 대단한 풍광이 펼쳐지고, 등 뒤쪽으로 아늑한 기분이 소나기처럼 흘러내린다. 편안하다.

나는 한동안 스위스의 긍정적인 이미지에 푹 젖어 있었다. '그렇지, 가능한 한 높은 수준의 독립과 독자적인 길을 위해 권력 남용에 맞서서 투쟁한 것, 이건 확실히 스위스다운 거지. 합의를 찾아가는 과정이 아무리 기운 빠지고 힘들어도 기어이 돌파하겠다는 의지. 타인과 그 타인의 의견 낼 자유를 존중하는 것. 타인과 교류할 때 국가의 경계에 얽매이지 않는 현명한 개방성도 마찬가지야. 그건 남들이 천국 가는 앞뜰이라고 여기는 양질의 삶이 여기에서 달성되었다는 의식에서 오는 거지. 그리고 거기에는 책임이 따라. 그게 나의 스위스지'라고 생각했다.

스위스의 긍정적인 이미지를 계속 발전시키는 일이라면, 나는 당연히 동참한다. 다른 나라 사람이라도 그건 마찬가지일 거다. 자기가 생각하는 가치, 자기의 상상에 우선권을 주는 심정으로 공동의 이익을 위해 노력할 것이다. 이 과정과 그로 인해 생겨나는 자연스런 갈등이나 긴장감 속에서 우리는 서로를 어떻게 대하고 대화할 것인가? 이것은 어려운 문제다. 상대를 존중하며 행동하는 사람을 보면 나는 기운이 솟는다. 자기 것에만 집착하는 사람이라면 나는 그에 대한 희망을 버릴 것이다.

♛

타인과의 이상적 교류는 어떤 모습이라고 생각하는가?
여러분은 어떤 경우에 자신의 가치에 대해 책임지는가?
여러분은 상사와 그 문제에 대해 토론해 본 적이 있는가?

★ ★ ☆

직장 초년생에게 주는 열 가지 조언

'여행자들이여, 길은 없다. 길은 그대가 걸어감으로써 생겨나는 것이다.' 스페인 시인 안토니오 마차도의 시에서 따온 이 인용구는 내가 직장 초년생 시절이었다면 개인적으로 원했을 충고의 정수였을 것이다. 오늘날 나는 그렇게 생각한다. 그리고 만약 내가 직장 초년생이었을 때 이런 조언을 들었더라면 나의 진로가 어떻게 결정되었을지 차근차근 상상해 본다. 아마 조금도 달라지지 않았을 것이다.

왜 그런가? 그 시절에는 조언을 받아들일 만큼 마음이 열려 있지 않았기 때문이다. 자신의 불안정성을 덮어 가리려는 어린 청년의 오만함 때문에 나는 충분할 정도로 나의 입장을 이해하는 사람은 없다고 확신하고 있었다. 그래서 모든 지원을 거부했던 것이다.

사례 하나를 들자면, 운이 좋았던지 나는 유명 기업의 여러 경영자와 개인적으로 나의 직업적 미래에 대해 이야기를 나눌 기회를 얻었다. 그들은 친절하게도 나를 위해 시간을 내주었다. 하지만 나는 안타깝게도 오늘날 같으면 '멘토링'이라 일컬었을 그런 기회를 제대로 이용하지 못했다. 예를 들면 기계 제조 부문의 대기업 회장 한 분이 석사 과정을 마친 후 좀 더 공부에 매달릴 생각이 없느냐는 질문을 하셨다. (원래의 말씀을 그대로 옮기면, "너는 화로에 어떤 땔감을 더 집어넣을 생각이냐?") 나는 몇 년에 걸친 공부에 지친 나머지 그냥 편하게 "공부는 안 하려고요. 일단은 직장 생활을 하려고 합니다"라고 대답했다. 그리 잘못된 대답은 아니었다. 문제는 그런 제안을 대하는 나의 태도에 있었다. 말하자면 방어적 태도를 취한 것이다. 그리고 무엇 때문에 이 노련한 분이 교육을 더 받는 것을 중요하다고 여기셨는지, 그분이 내게 무엇을 권하려 하셨는지에 대해 아무런 관심도 갖지 않았다.

오래 전 일을 이렇게 세세하게 말하는 이유는, 내가 오늘날 최고경영자의 코치로 활동하면서 그 당시의 나처럼 고집스레 외부의 피드백을 거부하는 사람들을 반복적으로 만나기 때문이다. 그들은 그런 피드백을 전혀 감지하지 못한다. 그래서 결과적으로 거부하는 셈이 되는 것이다.

최근 나는 매우 출세지향적인 30대 후반의 한 관리자와 대화를 나누었다. 그는 승진에서 여러 번 물을 먹었다. 360도 피드백, 즉 다면 평가를 통해 그가 얻은 피드백 중 하나는, 대화할 때 아주 초조해하며 안절부절못하고, 그런 행동이 근무 분위기를 불안하게 만드는데에도 영향을 준다는 것이었다. 자신도 알고 있던 내용이지만 그는 아무런 조치도 취하지 않았다. 마음 챙김에 근거한 스트레스 훈련(MBST, Mindful Based Stress Training)에 참가할 수도 있었고, 에너지 관리에 긍정적인 영향을 준다는 지압 요법을 받을 수도 있었다. 하지만 정작 본인은 그런 조치를 취할 필요성을 전혀 느끼지 못했다.

이 이야기가 주는 교훈은? 개방적 태도와 받아들일 준비가 부족하면 최선의 조언도, 가장 쿨한 멘토도, 지혜로운 도움도 아무런 효과가 없다. 기름지지 않고 메마른 땅에 씨앗이 떨어지는 것이다. 이 말은 내가 직장 초년생에게 주고 싶은 열 가지 싱싱하고 중요한 조언에도 해당된다. 이 조언은 아이디어, 권고 및 충고가 응축된 것으로, 그런 게 있었더라면 나 자신도 처음 직장 생활을 시작했을 때 기꺼이 받았을 것이다. 그것들이 나의 이력에 아무런 변화를 주지 못할 것이라는 역설을 의식하면서도 말이다.

나의 조언은 유행이나 시대와 무관하다고 생각한다. 이 조언은 오늘날에도 반복적으로 내게 영감을 주고 흥을 돋운다. 여러분에게도 그렇기를 바란다.

1
직장 초년생은 한 사람의 '도제', 즉 견습생!

~~~~~~~~~~~~~~~~~~~~~~~~~~

"대학을 졸업한 직후처럼 무엇을 많이 배운 적은 없었다."

대다수 사람들이 이런 말을 한 번은 들어 봤을 것이다. 대학 졸업 이후에 이어지는 시기는 두 번째 직업 교육 기간, 즉 실용적 직업 교육 기간이나 마찬가지다. 열심히 애쓰고, 성과를 점검하며, 그 분야의 다른 이들은 어떻게 하는지를 관찰해서 자신을 바꿔 나가고, 다른 사람의 견해나 생각과 갈등에 빠지기도 하며, 그 과정에서 자신의 능력, 열정 및 흥미를 외부 현실에 적합한 모습으로 가다듬어 나가는 시기다.

로버트 그린은 위대한 저서 《마스터리의 법칙》에서 이 시기를 중세의 도제 제도에 빗대 '도제 시기'라 부르고 있다. 도제 시기는 다양한 발달 단계를 거쳐 '장인의 경지'로 이어진다. 일자리를 새로 얻거나 자기 삶의 방향을 새로 정할 때에는 항상 그런 과정이 우리 앞에 대기하고 있다. 거기에는 불안, 자기 의심, 갈등 및 감정의 오르내림 속에 빠져 정신을 못 차릴 위험성이 도사리고 있다. 두려움, 개인적 한계 및 그에 따른 무능력이 나타날 수도 있다. 그리고 이런 것들은 본인이 적극적으로 맞서 극복하지 않으면 신경망에 새겨져 평생을 갈 수도 있다.

이 시기에는 미래가 얼핏 장밋빛으로 보이기도 한다. 이런 저런 직업이 돈과 특권을 안겨 주리라는 유혹 때문이다. 업계에서 특별히 인정받는 이들과 업무상 가깝게 지내다 보면 미래에 대한 기대가 더 커지기도 한다. 그런데 그런 상황에 있는 사람은 곧장 타인의 목표 달성에 이바지하는 하수인이 되어 버리고 만다. 이 시기에 본래의 목표를 잃어버릴 수도 있다.

중요한 것은 돈, 명예, 자격증, 타이틀이 아니라 자신의 정신과 성격, 행동을 개조하는 일이다. 로버트 그린은 이 과정을 다음과 같이 말한다. "신입 사원은 소박한 마음과 부푼 상상을 가득 안고서 새로운 세상 속으로 들어간다. 머릿속은 미래에 대한 꿈과 환상으로 충만해 있다. 세상에 대한 지식은 추상적이며, 감정이나 불안, 소망으로 인해 왜곡되어 있다. 그러다 서서히 현실 속에서 대지에 발을 내딛게 되고, 자기가 잘 모르는 사람들과도 협업하는 법을 배우며, 비판을 긍정적, 건설적으로 받아들이게 된다."

이런 과정은 중요한 결론으로 이어진다. 직업이나 활동을 선택할 때 자신에게 가장 많은 가르침을 주는 분야를 고르라는 것이다. 기회가 왔을 때 그걸 감지할 줄도 알아야 한다. 로버트 그린은 세 가지 전략을 언급하며, 이를 나란히 사용하라고 말한다.

1) **깊이 관찰하기**: 회사에서는 업무가 어떻게 돌아가는가? 무엇이 가장 중요한 능력인가? 성공하는 다른 사람들은 어떻게 하는가? 또 본인의 업무는 이런 요소들과 얼마나 연관되어 있는가 눈여겨보라. 아무리 하찮다고들 하는 일이라도 모든 업무는 깊이 관찰할 기회를 제공한다.

2) **연습하기**: 특정 능력을 꼭 갖추겠다는 목표로 연습하라. 그렇게 하려면 현재 어떤 특정한 능력(여기에 초점을 맞추어야 한다)이 중요한지를 분명히 알고 있어야 한다. 그런 다음 학습 사이클을 죽 따라가면서 이 능력을 제대로 획득했는지 반복적으로 점검한다. 주식 시장 분석 능력이든, 악기 연주든, 제트기 몰기든 제대로 출발만 하면 늦어도 1만 시간을 연습한 뒤에는 이 분야의 전문가가 된다. 맬컴 글래드웰의 베스트셀러 《아웃라이어》에 나오는 대략적 규칙이 그러하다.

3) **실험하기**: 이 전략의 바탕은 자기가 획득한 능력을 실제로 활용해 보고 그것을 동료와 친구로 이루어진 대중, 그러니까 특정 유형의 일반인에게 소개하는 것이다. 그 과정에서 어떤 요소가 어떻게

작용하는지, 어디에 아직 구멍이 있으며 다른 사람의 비판적인 반응에 스스로 어떻게 대응하는지를 잘 관찰하도록 한다.

때로는 주변, 상사, 기업, 나라, 전공 분야를 떠나 직장을 선택해야 하는 상황이 되기도 한다. 다음과 같은 외부 신호들이 그런 길을 암시해 준다. 예컨대 학습 목표를 이루었다든가, 일이 지루하다거나, 외부 환경으로 인해 어쩔 수 없이 옮겨야 하는 경우가 그런 것이다. 이때 지나치게 오래 고민하는 것도 금물이다!

● 추천도서 ●

로버트 그린의 《마스터리의 법칙(Mastery)》

미래의 소망이 어떤 모습인지를 표현하라

입사 면접 시험에서 가끔 볼 수 있는 문제가 있다. '그런데 5년 뒤에는 여러분이 어디 있을 것 같나요? 여러분이 이루려 하는 것은 무엇입니까?' 우리는 이 질문에 대해 깊은 인상을 남길 적합한 답변을 생각해 낼 수 있다. 하지만 질문 받은 이가 자신의 삶을 어떻게 펼쳐야 하는지를 전혀 모르는 경우가 종종 있다. 모든 걸 그렇게 계획에 맞춰, 목표 지향적으로 해결하지는 않겠다는 소망도 동시에 존재한다. 그래야 넘실거리는 인생의 파도를 타면서 함께 갈 수 있다는 것이다. '그냥 한번 내버려 두고 어떻게 되는지 보지 뭐'라는 것이 직장 초년생들이 흔히 드러내는 태도다.

하지만 어느 쪽으로 가야 하는지 모르면서 어떤 곳에 이른다는 것은 꽤나 어려운 일이다. 우리 대다수는 아무런 계획도 갖고 있지 않다. 어느 길을 선택해서 어디로 가려 하는지를 모르는 것이다. 덧붙이자면, 자신이 상상하는 목표와 소망을 창의적으로 표현하는 것도 일이다. 그 대답이 어떤 사람에게는 저절로 툭 떨어지기도 하지만, 그 질문을 영원토록 파고드는 사람도 있다. 자신의 미래를 상상하는 일은 힘들고 수고스럽다. 그것과 결부된 과정이 결단이라는 걸 포함하기 때문인데, 사람들은 일반적으로 결단 내리기를 회피하는 편이다.

나는 다음과 같이 하라고 권한다. 일단 자신이 상상하는 미래를 종이에 옮겨 보라. 목표를 과도하게 표현하는 태도는 피하는 것이 좋다. 그러지 않으면 대번에 압박감이 생겨난다. 여러분이 상상하는 바를 다음과 같은 핵심 질문으로 전개해 보라. 나의 모든 소망이 실현되는 최선의 경우를 가정할 때 나의 직장 생활은 1년 뒤 어떤 모습인가? 나는 어떤 활동을 하고 있는가? 그 과정에서 나는 무엇을 가장 즐겨 행하는가? 성공 요인은 무엇인가? 나는 이 요인을 어떻게 경축하는가? 나와 가장 많이 관계되는 사람은 누구인가? 그때까지 나는 어떤 보수 교육을 받았는가? 나는 어떤 능력을 익혔는가? 나의 윗사람은 어떠한가? 나는 어느 정도의 급여를 받는가? 나를 특별히 기쁘게 하는 것은 무엇인가? 나는 몇 살까지 일을 할까?

답을 한 장의 종이에 기록한 다음 그것과 관련된 세부 내용을 가능한 한 자세히 적어 보라. 자신이 상상하는 내용들이 긍정적인 느낌을 주는지 잘 관찰해 보라. 그렇지 않다면, 모든 세부적인 것이 다 들어맞을 때까지 아이디어를 바꾸어 보라. 그렇게 완성된 여러분의 이야기를 마음에 드는 사람과 나누어 보라. 그리고 그 이야기를 매주 한 번 소리 내어 읽어 보라.

이러한 '소망 콘서트' 방식은 자기가 갖고자 하는 것을 얻기 위한 소박한 시발점이다. 이상적인 상태를 기술하는 것은 그 첫 단계다. 당연히 그 다음에는 구체적인 실천이 뒤따라야 한다. 그래야 현실에서도 뭔가가 변한다. 내가 일을 하면서 알게 된 사실은, 목표가 아니라 소망을 갖고 일하는 사람은 과도한 목표로 인한 압박감을 덜 수 있다는 것이다. 압박감이 덜하다는 것은 내면의 자유가 더 많다는 뜻이며 결국 자신이 소망하는 상상의 내용에서 더 많은 기쁨과 재미를 얻는다는 것을 의미한다.

나폴레온 힐은 고전 대접을 받는 자신의 조언서 《놓치고 싶지 않은 나의 꿈 나의 인생》에서 소망 드러내기를 추진하기 위한 하나의 과정을 여섯 단계로 표현하였다. 이 과정에서 소망을 상상하고 그것을 내면화하는 일에 정신을 집중하는 것이 절대적으로 중요하다. 오늘날의 신경 과학 지식을 활용하면 이는 다음과 같이 표현될 수 있을 것이다. 그렇게 집중하면 새로운 신경망들이 그 소망에 대한 상상을 빙 둘러싸고 생성된다. 그 신경망은 뇌 속에서 물리적으로 형성되어 신체 내에 견고하게 닻을 내린다. 이로써 우리 내면에 형성된 이미지는 일상의 수많은 소소한 일에 대해 결정을 내릴 때 나침반으로 작용한다. 자신이 소망하는 모습 쪽으로 완전히 방향을 맞춤으로써 우리는 그 소망을 한 조각 한 조각 좀 더 많이 '창조'해내는 것이다. 길든 짧든 어느 정도 시간이 지나면 우리는 자신이 목표 지점에 도달해 있음을 확인하게 될 것이다.

• 추천도서 •

삭티 거웨인의
《간절히 그렇다고 생각하면 진짜 그렇게 된다(Creative Visualization)》

3

바보야,
문제는 그것이야

성공하면 어떤 사람이 되며 그 성공은 어떻게 나타나는가? 이는 거대하고 중요한 질문이다. 이 질문에 답하려면 성공이라는 게 자신에게 무엇을 뜻하는지가 분명해야 한다. 아마도 가족, 가장 사랑하는 이, 사회 또는 직장 생활을 함께 하는 동료 집단에게서 인정받는 것일 수 있다. 학자에게는 연구 분야에서 대단한 성과를 내는 것일 수 있으며, 예술가라면 특정 무대, 예컨대 베를린 샤우뷔네에 오르는 것이 성공일 수 있다. 음악가는 넘버원 히트곡을 쓰는 것, 기술자에게는 특허 신청을 하는 것일 수도 있다. 성공의 정의는 이렇게 무척 주관적이다. 미디어에서는 성공에 보편적 규범이 있다고 은연중 표출하지만 말이다.

성공과 관련하여 한편에서는 '재능이 있어야 한다'고 주장한다.

"집안 배경이나 인간관계가 도움이 된다"고 말하는 이도 있다. 또 다른 한편에서는 "지능이 중요하고, 무엇보다 감성지수가 중요하다"고 끼어든다. "사회적 배경과 교육이 핵심"이라고 대답하는 이도 있다. 이 모든 것이 다 틀리지는 않지만 결정적인 요소는 아니라고 미국 심리학자 앤절라 더크워스는 베스트셀러가 된 자신의 저서 《그릿》에 썼다.

이 책에서 저자는 성공의 본질적 요소를 하나 언급한다. 그것이 바로 그릿(Grit), 즉 불굴의 정신력이다. 장기적인 목표 하나에 방향을 맞추어 나아갈 때 필요한 지구력과 인내심의 정도를 말한다. 기운 빠지게 하는 어떤 경험, 패배 또는 거절을 당했을 때 앞으로 나아갈 힘을 빼앗기고 마는지 아니면 동력을 높은 수준으로 유지할 수 있는지를 결정하는 것이 바로 이 품성이다. 성공이란 재능이 있거나, 똑똑하거나, 교육받은 사람의 것이 아니라 재빨리 다시 두 다리로 일어서는 사람, 용기를 잃지 않는 사람, 그리고 자기 목표나 소망하는 모습을 향해 계속 나아가는 사람들의 것이다.

그냥 계속 가는 거다. 오뚝이처럼 늘 다시 일어선다. 아침에도 일어서고 실패한 뒤에도 다시 일어서는 거다. "넘어지면 일어나 옷매무새를 살핀 다음 계속 앞으로 나아가라!" 이게 지혜의 말씀이다. 그것도 자기가 가는 길에서. 자신이 어떤 꿈을 꾸는지 주변에서 항상 이해해 주지 않더라도 개의치 않는다. 또 자기가 올바른 길을 가고 있는지 의심이 들 때에도 마찬가지다. 말 타는 법은 말을 탐으로써 배우고, 글쓰기는 글을 씀으로써 배운다. 연구는 연구를 함으로써, 조직 통솔은 통솔을 함으로써, 코딩은 코딩을 함으로써, 가르치기는 가르침으로써, 디자인은 디자인을 함으로써, 소통은 소통을 함으로써, 춤은 춤을 춤으로써 배운다.

한마디로, 능력이라는 것은 책을 읽거나 이야기를 나누거나 사방 돌아다니며 수다를 떨어서 배우는 게 아니라 행동함으로써 배운다. 그리고 반복을 통해 되풀이하여 배운다. 그렇게 하는 데에 중요한 전제가 하나 있다. 자신의 일을 기꺼이 하는 것, 아니면 그 목표가 충분히 매력적인 모습일 것이다. 노하우는 해 보는 도중에, 행동하는 중에, 활동하는 가운데 쌓인다. 그렇게 행동하다 보면 무엇이 잘 들어맞았으며 무엇이 덜 성공했는지가 보이며, 그런 인식을 바탕으로 계속 연습이 이루어진다. 앞에서도 말했지만, 1만 시간 훈련하고 나면 누구나 자기 분야의 전문가가 된다.

좀 단순하게 묘사했는지도 모르겠다. 하지만 한번 시도해 볼 가치는 있다. 그게 아니면 여러분이 알고 있는 다른 대안이 있는가?

● 추천도서 ●

앤절라 더크워스의 《그릿(Grit)》

4

제대로 된 사람들과
어울려 지내라

~~~~~~~~~~~~~~~~~~~~~~~~~~~~~~~

내가 "너는 너와 가장 많은 시간을 함께 보내는 5~7명의 평균치"라는 말을 처음 들은 때는 틀림없이 토니 로빈스(www.tonyrobbins.com)와의 이벤트에서였다.

과격하게 표현하자면, 우리 인간은 자신의 행동 영역이 되는 사회적 환경의 산물이다. 우리는 또래 집단 속에서 널리 행해지는 행동 방식, 예를 들면 음식을 먹을 때("우리는 채식주의자야") 또는 놀 때("우리는 종종 비디오게임을 해")의 행동 방식을 무의식적으로 그대로 넘겨받는다. 그리고 그들의 기본 가치를 따른다. 이 가치는 딱히 형식이 있다고 말하긴 어렵지만 다들 암묵적으로 거기에 따라 살고 있다.("목표를 달성할 때 내게는 그 방법이 뭐든 상관없어.")

물론 그렇지 않은 경우도 있다. 예외는 있고, 우리 내면의 목소리가 나는 거기에 해당되지 않는다고 말하기도 한다. 자기 자신의 기준이 확고한 독립적, 개인적인 존재인 듯 우쭐대며 행동할 때도 있다. 하지만 '호모 사피엔스' 종의 놀랍기까지 한 경향과 행동 방식을 멀찌감치 거리를 둔 채 관찰해 보면, 호모 사피엔스가 개인주의적 존재라는 명제는 사실 무척 의문스럽다. 그렇기 때문에 토니 로빈스의 말이 얼마나 잘 맞아떨어지는지, 집단의 조건이 바뀌어도 그대로 적용되는지 관찰해 보는 것도 재미있는 일이 될 것이다.

여기에서 나오는 결론을 단순하게 표현하면, 더 많이 웃으려면 많이 웃는 사람들이 주변에 있어야 한다는 것이다. 더 많은 결속 관계와 더 깊은 인간관계를 원한다면 이미 그렇게 살고 있는 사람들로 자기 주변을 둘러싸라는 말이다. 더 많은 돈을 원한다면 돈 많은 사람들과 시간을 보내는 것이 도움 된다. 더 많은 성공을 원한다면 자기가 추구하는 성공을 이미 이룬 사람들과 더 자주 인연을 맺는 것이 좋다. 그러니까 이 전략은 본인이 추구하는 삶의 환경 속에서 많은 시간을 보냄으로써 의식적으로 자신의 삶을 바꾸는 것이다. 달리 표현하면, 주변 환경이 새롭게 바뀌면 그 환경에 노출된 사람도 바뀐다. 여러분의 또래 집단이 여러분의 성공을 정한다는 말이다.

따라서 어떤 사람과 시간을 보낼지 결정하는 것도 관건이 된다. 사람을 체계적으로 키워 주는 이, 목표, 소망 및 꿈을 긍정적으로 뒷

받침해 주는 이로 주변을 감싸는 것은 도움 되는 일이다. 세상을 항상 부정적 시각으로 바라보며 사람의 에너지를 빼앗아가는 비판론자, 트집 잡는 사람, 끙끙 앓는 소리 하는 이는 주변에 덜 배치하고, '저 사람에게 좀 배우고 싶어'라는 마음이 들게 하는, 에너지를 주는 사람, 관심을 끄는 이를 주변에 더 많이 두는 것이다. 자신과 세상에 대해 필요할 때 따끔하게 꼬집어 줄 사람도 필요하다.

작가이자 기업인인 세스 고딘은 자신의 저서 《트라이브즈》에서, 사람은 누구나 자신이 어느 '부족' 소속인지를 알아야 한다고 표현했다. 늘 강조하지만, 주변을 제대로 된 사람들로 감싸라.

• 추천도서 •

세스 고딘의 《트라이브즈(Tribes)》

5
너 자신을
알라

~~~~~~

'너 자신을 알라.' 그리스 델피의 아폴론 신전에 새겨진 글이다. 당연히 고대 그리스어로, 기원전 500년 무렵에 새겨진 것으로 보인다. 그렇다. 당연한 거다. 말하자면 아무 생각 없이 사는 사람도 '사람은 자기가 누구인지 알아야 해, 그게 뭐 그리 어렵다고'라고 생각할 것이다. 나는 나 자신을 잘 안다. 좋아하는 것은 카르보나라 스파게티, 재능이라면 좌중을 즐겁게 해 주는 재주, 지식이라면 부가티 F1 경주차의 볼리드에 장착되는 타이어 및 특수 합성 고무에 대해 안다는 것. 여기까지는 좋다.

미국 작가 데이비드 포스터 월리스는 유명한 케니언대학교 졸업 연설에서 어린 물고기 두 마리의 우화로 이야기를 시작한다. 물고기 둘이 유쾌하게 물속을 가로지르며 헤엄치고 있는데 나이가 좀 든 물고기 한 마리가 다가와서 이렇게 묻는다. "그래, 오늘은 물이 어떠냐?" 어린 물고기들은 어리둥절해하며 "아주 좋아요"라고 대답한다. 나이 든 물고기가 모퉁이를 돌아 사라지자마자 어린 물고기 중 한 마리가 다른 한 마리에게 묻는다. "이봐, 저 할아버지가 말하는 물이라는 게 뭐지?"

물이 뭐냐고? 사람은 도전과 모험 없이 안락한 지대에만 있으면 눈에 보이지 않는 부분, 즉 맹점이 점점 커진다. 세상은 정확히 우리 눈에 보이는 모습 그대로다. 이것은 개인의 시각과 지각의 필터가 결정하는데, 우리는 그걸 모르고 있다. 그렇기 때문에 본인이 안락한 지대에 있다면 신비한 학습 지대로 가기 위해 의식적으로 꾸준히 도전해야 한다. 그렇다고 단번에 공포 지대로 내달리지는 말 것.

존중의 느낌이 들거나 약간의 두려움이 느껴진다면 안락 지대에서 벗어난 것이다. 경험을 적극적으로 가공하되, 자기 안의 관점에 너무 의지하지 않는 것도 중요하다. 가능한 한 자주 다른 사람들에게서 피드백을 받아야 한다. 그들은 여러분을 어떤 존재라고 평가하는가? 여러분이라면 무엇을 할 수 있을 것인가? 마셜 골드스미스는 아주 간단한 방법을 권한다. 예를 들면 여러분과 협업할 때 어떤 점이 수월한지, 또 그런 협업을 계속해 나가기 위해 할 수 있는 일이 뭔지, 직장 동료나 윗사람에게 물어보는 것이다. 이렇게 직접적인 방식으로 피드백을 챙긴다. 다른 사람이 준 의견을 어떻게 받아들일지는 스스로 결정한다.

외부에서 보기에 여러분은 어떤 사람인지, 다른 사람들을 만나면서 알아내 보라. 남이 보는 모습과 자신이 보는 모습 간에 차이가 크면 신뢰할 만한 사람과 이에 대해 이야기를 나누면서 무엇이 문제인지 분석하라. 여러분은 스스로에 대해 별로 아는 것이 없지만 다른 이들은 더 많은 것을 정확히 알고 있을 가능성이 크다.

여러분에게 제공되는 모든 평가, 테스트, 연습에 다 참여하라. 어떤 경우든 여러분은 귀한 피드백을 얻게 될 것이다. 꼭 변화가 필요하지 않더라도 새로운 일자리 찾기를 반복적으로 시도해 보라. 거기에 더하여 인성 테스트로 자신을 분석해 보라.

그런 탐색 과정은 자기 자신을 알아가는 한 방법이며, 지식 또는 그 지식으로부터 얻어 낸 결론을 이용하는 것은 두 번째다. 중요한 것은 자신의 다양한 면모가 상대방에게 상상도 못 할 영향을 미친다는 점을 아는 것이다. 예컨대 야심 많고 똑똑한 여성이라면 젠더 관련 주제를 어떻게 다룰지, 또 잠재적 남성 우월주의, 직장인의 세계에서 계속 등장하는 성에 따른 불평등 문제 등에 어떤 태도를 취할지 고민해야 할 것이다. 한 발 뒤로 빠질 것인가? 아니면 분노를 드러낼 것인가? 드러낸다면 어떤 방식으로 표출할 것인가? 자신도 해당되는 문제나 그와 유사한 다른 문제는 직접적이고 일관된 태도로 임해야 한다.

마셜 골드스미스의
《일 잘하는 당신이 성공을 못하는 20가지 비밀
(What got you here, won't get you there)》

6

멘토의 조언과 함께
앞지르기 차선으로 진입하라

이건 직장 생활 초년생에게 가장 중요한 조언이다. 하지만 실천은 거의 되지 않는다. 멘토가 될 만한 한두 명을 찾은 다음 1년에 두 번에서 네 번 정도 만나 직장에서의 자기 계발에 대해 상담하라. 멘토란 여러분이 전망하는 목표를 이미 달성한 인물로, 예를 들면 기업이나 기관 하나를 이끌어 가는 위치에 있는 사람을 말한다. 도이체방크, 샤넬, 국제 통화 기금, 세계 경제 포럼 또는 그린피스가 그런 기관일 수 있다. 영화나 책 형태의 특정한 결과물을 만들어 냈거나 연구에서 결정적인 업적을 쌓은 인물을 고를 수도 있다. 중요한 점은 자신이 현재 어떤 종류의 성공을 추구하고 있는지에 대해 스스로 분명히 알고 있는 것이다.

멘토는 여러분의 직업적인 커리어에 큰 영향을 줄 수 있다. 그러니 이렇게 소통해 보라.

1) **자신의 목표를 정확히 파악한다.** 그런 다음 '적절한' 멘토를 찾아 접촉한다. 이 일만 해도 뇌가 부글부글 끓어오를 지경이며 용기가 한 무더기는 있어야 한다.

2) **멘토와 정기적으로 만나면서, 자신이 가고자 하는 길을 벗어나지 않았으며 초점을 놓치지 않고 있음을 확인한다.** 다른 사람과 함께 뭘 하기로 약속한 뒤 그 약속을 얼마나 잘 지켰고 그로 인해 얼마나 발전했는지 피드백을 줘야 한다면, 약속을 지키기 위해 최선의 노력을 하게 될 것이다.

3) **멘토의 아이디어와 힌트를 적극적으로 받아 안는다.** 여러분이 꾸는 꿈을 먼저 이룬 멘토는 성공하기 위해 어떻게 움직이고 행동해야 하는지 많은 아이디어와 구체적인 힌트를 여러분에게 줄 수 있다. 자신의 네트워크를 여러분이 이용할 수 있도록 제공할 수도 있다. 그렇게 여러분은 네트워크 구축에 중요한 사람들을 멘토의 도움으로 수월히 접촉할 수 있게 된다.

어떤 인물을 멘토로 모시면 좋을지 분명해졌는가? 그렇다면 당사자에게 직접 문의하라. 그리고 여러분이 원하는 게 무엇인지 잘 설명하라. 스티브 잡스는 직장 초년생에게 해 줄 최선의 조언이 무엇이냐는 질문에 "Just ask(그냥 물어보라)"라고 대답했다. 대다수 사람, 특히 직업적 이력의 종착지에 서 있는 이라면, 남을 도와주는 일에 대개는 마음이 열려 있다. 물론 거절을 당해도 받아들일 수 있어야 한다. 그런 일로 마음에 큰 상처를 입을 필요는 없다.

오늘 중으로 멘토로 모셨으면 좋겠다 싶은 사람의 이름 다섯이 적힌 명단을 만들어 보라. 그런 다음 하룻밤 묵히고 나서 다음날 그 명단의 첫 번째 인물에게 편지를 써 보라.

• 추천도서 •

하버드 비즈니스 리뷰
《멘토링을 받기 위한 HBR 가이드
(HBR Guide to getting the mentoring you need)》

7

방해 요소가 나타났을 때의
대처법

〰〰〰〰〰〰〰〰〰〰〰〰〰〰〰〰〰

일상을 함께하기 쉽지 않은 친구, 잘 통하지 않는 선생님, 망쳐 버린 시험, 애정 전선의 먹구름, 식당에서 시간이 지나도 나오지 않는 음식, 기술적 결함이 있는 비행기, 갑자기 주문을 하지 않으려는 고객, 아침에 인사 한마디도 건네지 않은 채 처리해야 할 일거리를 던지는 상사, 사람을 지옥 가장자리로 끌고 가는 근무 평정. 여러분들이 상상해 볼 수 있는 상황들이다.

이런 목록은 끝도 없이 만들 수 있다. 우리는 직업적으로나 사적으로나 여러 방해 요소 때문에 종종 애를 먹는다. 나를 둘러싼 환경이 나의 기대나 희망, 또는 소망과 맞지 않으면 불편한 마음, 불안한 심리, 두려움, 쫓기는 심정 등 전형적인 불쾌한 감정으로 이어진다.

골치 아픈 상사에 대해 이야기해 보자. 다른 사람과 정보를 공유하지 않으며, 불같이 화를 내는 성질을 지녔고, 중요한 합의 사항은 까먹고, 모든 상황을 자신이 책임지지 않는 쪽으로 돌려 버리는 상사. 직장에서 이런 상사를 만났을 경우 어떻게 할 것인가? 어떤 결정을 하든 그에 따르는 책임은 항상 자신이 져야 한다. 원칙적으로 세 가지 선택지가 있는데, 다음과 같다.

1) Accept it(love it)   받아들이거나(사랑하거나)
2) change it or   바꾸거나 아니면
3) leave it.   떠난다.

물론 불만스러운 상황일 경우 회피하거나 떠남으로써 벗어날 수도 있다. 하지만 그것은 모든 노력과 수고가 소용없을 때의 대안이다. 2번 같은 경우는 다른 사람을 바꾸는 것을 목표로 하면 안 되고, 그 문제를 대하는 자신의 태도를 먼저 바꾸라는 뜻이다. 가장 간단한 방법은 골치 아픈 상사와 일을 할 때 그 상황을 받아들이고 인내하거나 면역력이 생길 행동 방식을 스스로 찾아 적용해 보는 것이다. 이렇게 대처할 때 외부로부터 오는 방해 요소나 난관은 개인의 발전과 성장의 원천이 될 수 있다. 이는 스토아 철학자, 특히 세네카와 마르쿠스 아우렐리우스가 썼던 방식이며, 라이언 홀리데이는 이를 자신의 책 《돌파력》에 훌륭하게 기술했다.

이 방식은 하나의 기본 원리, 즉 모든 방해 요소에는 하나의 자원

이 있다는 점을 이용하는 것이다. 이 자원의 껍질을 벗겨내 행동 방식의 한 레퍼토리로 받아들이고, 그것을 자신에게 유리하게 활용하라는 것이다. 아래 책에서 말하는 '심층 민주주의'란 조직에 요구되는 자원 지향적, 심리적 해결 방식의 하나다.

● 추천도서 ●

라이언 홀리데이의
《돌파력(The Obstacle is the way)》
카스파르 프륄리히의
《조직 발전에서의 심층 민주주의
(Deep Democracy in der Organisationsentwicklung)》

8

기운, 힘, 에너지의
균형

~~~~~~

세상은 많은 가능성과 흥미로운 경험을 제공하고, 그 덕분에 우리는 시간을 잘 보낼 수 있다. 스포츠, 쇼핑, 학습, 채팅, 전화 통화, 식사, 생각하기, 친구와 가족 만나기, 해변으로 날아가기, 휴가 보낼 펜션 고르기, 텔레비전 시청, 독서, 게임하기, 그림 그리기, 춤추기, 노래하기, 웃기, 명상하기….

젊은 시절에는 에너지가 넘쳐 인생에 가능한 한 많은 것들을 담으려 하지만 너무 많이 골라 놓으면 분주함과 스트레스로 이어질 수 있다. 심하면 힘들어 못 견디겠다, 결정을 할 수가 없다, 추진할 힘도 없고 어디로 가야 할지 방향도 잡지 못하겠다고 느끼는 정도에 이르기도 한다. 번아웃 증후군은 특정 연령과 결부된 것이 아니며, 주의를 기울이지 않았다가는 나도 모르는 사이 생각 이상으로 더 깊숙이 그 증후군에 파묻혀 버린다.

번아웃을 피하려면 자신의 에너지를 잘 관리해야 한다. 먼저 에너지를 공급해 주는 활동이 무엇인지 확인하고, 다음으로 에너지를 빼앗는 일이 어떤 것들인지 확인한다. 전자의 활동을 더 많이 자신의 삶 속으로 가져오고, 후자의 활동을 최소한만 허용하는 것이 중요하다. '좋아서 하는 일을 더 많이 하고, 달갑지 않은 일은 더 적게 하라'는 격언에 충실하게 말이다.

일상의 사례를 하나 보자. 사람들은 친구와 함께 음식을 만들어 먹는 것을 좋아하며 그런 만남은 기분을 좋게 해 준다. 그와 반대로 일터에서 특정 회의에 참석하면 스트레스를 받아 기운이 빠진다. 그렇다면, 한편으로는 더 많은 사적인 모임을 갖도록 노력하고, 다른 한편으로는 불필요한 회의를 줄이거나 회의에 대처하는 자세를 바꿔 보라는 얘기다.

이 원칙은 모든 인생 영역에 적용될 수 있다. 여러분은 편안하게 지내는 데에 어떤 책이나 영화가 필요한가? 어떤 텔레비전 방송이 에너지를 주는가? 어떤 팟캐스트, 행사, 블로그 글이 정신을 살찌우는가? 그렇게 긍정적인 에너지를 제공하는 요소들이 절대 다수가 되도록 자기 인생을 꾸려 나가라.

신체적 건강도 에너지 관리에서 중요한 요소다. 야망과 성과를 향해 달려가고 있는 경우에 특히 그러하고, 원칙은 단순하지만 실천은 어렵다. 중요한 점을 꼽으면 다음과 같다.

1) 스포츠 활동(우리는 지나치게 오래 의자에 앉아 생활한다), 예를 들어 크로스피트, 조깅, 댄스, 요가, 합기도 등을 하면서 규칙적으로 움직이기.

2) 양질의 잠을 충분히 자고 마음 챙김, 명상, 시각화 같은 집중력 훈련을 통해 충분히 쉬고 긴장 풀기.

3) 쓰레기가 입력되면 쓰레기가 출력된다. 영양 섭취에 유념하고 음주 줄이기.

그리고 여기에 추가 조언이 있다. 고요하고 적적한 섬을 여러분 삶 속에 두어 보라. 그리고 명상을 하라. 긴 시간에 걸쳐 산책을 하라. 자전거를 꺼내 타고 그냥 어디론가 떠나 보라. 한낱 꿈일지라도, 권태일지라도, 창의성을 키우는 요소가 될 수 있다.

일상 업무를 할 때보다는 긴장을 풀고 다른 무언가에 집중할 때, 어설픈 생각의 조각들이 낯선 것들과 뒤섞여 새롭게 조합될 때, 가장 좋은 아이디어가 나온다. 그런 과정은 아웃풋을 창조적인 영역으로 끌어올린다.

9

인생 미션

~~~~~~

이 세상을 살아가는 데에 가장 부족한 것은 무엇인가? 어떤 일에 창조력을 쏟아 붓는 것이 바람직할까? 인생이란 나에게 어떤 의미인가? 심오한 질문들이다. 가벼운 대답으로 끝내 버리거나, 붙들고 씨름하고 싶지 않은 질문이다. "돈을 벌어야지. 그래야 나와 가족이 먹고 사니까." 이런 대답도 물론 가능하지만, 큰 질문에는 뭔가 다른 해답이 있을 것만 같다.

분명한 것은, 여러분의 일상적인 행동이 세상을 형성하는 데 기여한다는 사실이다. 여러분이 지금과 다르게 행동한다면 세상도 그만큼 달라진다. 여기서 말하는 세상이란 주변, 친구, 가족, 인류 등 여러분을 둘러싼 사회적 네트워크를 의미한다. 그런 세상에 대해 여러분 개개인은 생각보다 큰 영향력을 갖고 있다.

　이 세상을 바람직하게 살아간다는 것은 무엇인가? 여러분의 대답을 글로 적어 보라. 그리고 10년 뒤 나의 삶은 어떤 모습일지, 자신의 전망을 추가로 적어 보라. 가능한 한 아주 자세하게 적는다. 예를 들면 다음과 같은 질문들을 따라가면서 대답을 적는 것이다.

　10년 뒤의 봄, 몇 년도인가? 내 삶은 어떤 모습인가? 오늘 무엇을 하고 있는가? 나는 어디에 사는가, 어떤 집, 어떤 지역에 살고 있는가? 내가 사는 지역이 마음에 드는가? 내가 사는 집에서 가장 좋은 부분은 무엇인가? 집 안에는 어떤 가구가 있는가? 내 침대는 어떻게 생겼는가? 나는 어떤 옷을 입고 있는가? 어떤 색을 주로 사용하고 마음에 들어 하는가? 나는 어떤 헤어스타일을 하고 있는가? 누구와 함께 살고 있는가? 아이는 있는가? 아이들은 어떤 성격인가? 아이들에게서 내 마음에 쏙 드는 점은 무엇인가? 부모님과는 어떻게 지내는가? 평소 어떤 사람들을 주로 만나는가? 내 차는 무엇인가? 창고에 자전거가 있는가? 있다면 어떤 자전거인가? 나의 신체 건강은 어떠한가? 나는 마음 챙김 또는 명상을 실천하고 있는가? 지난 10년 동안 회사에서 나는 어떻게 진급해 왔는가? 성공적인 부분은 무엇이고, 앞으로 이룰 부분은 무엇인가? 나는 돈을 얼마나 버는가? 인생에 걸쳐 열광하는 대상이 있는가? 내 정신 건강은 어떠한가? 나는 어떤 책을 읽는가? 어떤 팟캐스트, 방송, 프로그램이 내 정신의 자양분이 되는가? 어떤 친구가 있는가? 그 친구들과 나는 무엇을 하는가? 회사에서 새로운 아이디어를 내기 위해, 좋은 인간 관계를 유지하기 위해, 나는 어떤 노력을 하는가? 심신을 회복하기 위해 나는 어떤 노력을 하는가? 나는 휴가를 어디에서 어떻게 보내는가?

크게 꿈꾸라. 두려움이 나를 잡아당긴다면, 그 두려움을 직시하라. 온 마음을 다해 나를 살피고, 철저히 솔직하게, 머뭇거림 없이 생각나는 모든 걸 적어 보라. 그리고 적은 것은 누구와도 공유할 필요가 없다. 저자이자 예술가, 브랜드 컨설턴트인 데비 밀먼(www.debbiemillman.com)은 이렇게 권한다. "글을 쓰되, 마치 여러분 인생이 거기에 달려 있는 것처럼 쓰세요. 바로 여러분 인생이 글쓰기를 하는 것이기 때문입니다." 그런 다음 그 이야기를 매주 한 번 읽어 보라.

─────── • 추천도서 • ───────

제프 고인스의 《일의 기술(The art of work)》

10

침착하고
만족해하는 태도

~~~~~~

"직장 생활 초기 몇 년 동안 나는 무척 커다란 야망을 갖고 있었다. 그리고 그것과 똑같은 크기의 두려움이 나를 늘 따라다녔다. '내 바람이 이루어지지 않을지도 모른다.' '이 거대한 목표를 나는 이룰 수 없을 것이다.' 두려움은 어디에나 있었다. 누군가에게 떠밀려서 뚜렷한 신념 없이, 그저 집착하듯 오랫동안 출세에 목말라했다는 느낌이 들었다. 이런 두려움이 대체로 불필요하다는 것을 이제는 안다. 일은 덜하고 더 잘 쉬고 즐기고, 많은 친구를 챙기고 운동을 하며 예술 작품을 관람하는 것이 훨씬 지혜로운 일이라는 것을 안다. 한마디로, 자신을 위해 더 많은 시간과 용기를 내야 한다는 것이다. 그때의 나는 너무 적응하려고만 했다."

30대의 자신에게 무슨 조언을 해 주겠느냐는 질문에, 지금은 45

세인 매출 20억 프랑 규모의 회사 CEO가 이렇게 대답했다.

여러분의 마음이나 감정이 외부 상황에 크게 휘둘리지 않도록 노력하라. 긍정적이고 침착하고 만족해하는 태도는 훈련을 통해 이룰 수 있다. 날마다 짬을 내어 지금 이 순간 고마운 일이 무엇인지 떠올려 보고 그에 대해 고마워하기를 실천하라. 뭔가를 비판하는 것은 어떤 사람이나 아이디어, 제안에 열광하는 것보다 훨씬 쉬운 일이다. 칭찬하는 말에 인색하지 말라.

그리고 잊지 말아야 할 것은, 여러분과 함께 일하는 상대 또한 '인간'이라는 사실이다. 긍정적인 마음으로 상대를 인정하고, 애정을 담아 찬사를 날려라. 생각보다 강력한 효과를 얻어 낼 수 있을 것이다. 그런 마음가짐이나 태도는 직장이나 여러 집단에서 여러분을 성장시킬 것이다. 다른 사람들과 상호 작용하면서 여러분이 자라고, 나아지고, 더 커지고, 더 강력해진다는 느낌을 준다면, 여러분은 존 퀸시 애덤스가 말한 의미에서의 '진정한 리더'다.

> *'거칠고 환상 가득한 꿈을 꾸라*
> *벽에 그림을 그리라.*
> *날마다 책을 읽으라.*
> *상상해 보라, 그대가 마법에 걸렸다고.*
> *아이들과 함께 키득키득 웃으라. 노인의 말에 귀를 기울이라.*

마음을 열고, 물속으로 뛰어들어라. 자유롭게 지내라.

그대 자신을 칭송하라.

두려움을 떨쳐 버리고, 모든 이들과 함께 놀아라.

마음속의 아이를 즐겁게 해 주라. 그대는 천진무구하다.

이불로 높은 성을 하나 지어라.

흠뻑 젖어 보라.

나무들을 껴안으라.

사랑의 편지를 쓰라.'

수잔 에리얼 레인보우 케네디의

《예술가가 되는 법(How to be an artist)》

맺는말

~~~~~~

더 이상 할 말이 없다. 물어볼 것만 있다. 여기 실린 내용 중 여러분에게는 어떤 것이 흥미로웠나? 특히 고무적이었던 부분은 무엇이었나? 실제로 테스트해 본 뭔가가 있는가? 특별히 여러분 마음에 든 것은 무엇이었나? 직장 동료에게는 뭘 권했는가? 전혀 동의하지 않는 점은 무엇인가? 시험 삼아 해보기는 했는데 전혀 효과가 없다 싶은 것은 무엇인가? 언제 피식 웃지 않을 수 없었는가? 요즘은 상사와 어떻게 지내고 있는가? 여러분에게 격려가 된 발상은 무엇이었나? 그걸 여러분은 어떻게 실행했는가?

여러분의 경험을 듣는 날이 오기를 고대한다. 트위터(casparfroehlich), 링크드인(www.linkedin.com/casparfroehlich) 또는 이메일(caspar.

froehlich@froehlich-coaching.ch)을 통해 이야기를 들려 주시라. 나는 왜 여러분의 경험에 관심을 갖는가? 존 퀸시 애덤스의 교훈에 나와 있다시피 다른 사람에게 영감을 주고, 더 크게 꿈꾸고, 두려움으로부터 벗어나고, 정말 생동감 넘치는 삶을 사는 것과 나의 개인적인 사명이 관련 있기 때문이다.

> *"여러분의 행동에 사람들이 영감을 받아 더 많이 꿈꾸고,*
> *더 많이 배우고, 더 많이 행동하고, 더 크게 된다면*
> *여러분은 리더입니다."*
>
> 존 퀸시 애덤스

감사의 말

~~~~~~

이 책이 소개하는 여러 짧막한 이야기는 내가 직업적 또는 사적 영역에서 만난 이들과 나눈 멋지고 개인적인 대화에서 나왔다. 그들은 나를 신뢰했고, 나와 마음을 열고 대화를 나누어 주었다. 그 점에 대해 진심으로 고마움을 표하고 싶다.

2014년 3월부터 2015년 6월 사이에 나는 타미디어 주식회사(Tamedia AG. 스위스 최대의 미디어 그룹으로, 2020년 1월 TX그룹으로 사명을 바꾸었다-옮긴이) 소속의, 스위스에서 가장 널리 쓰이는 포털 〈뉴스넷(Newsnet)〉의 블로그에 매주 글을 발표했다. 미하엘 마르티(디지털 부문 편집장이자 스위스 일간지 〈타게스-안차이거〉 편집위원)는 이 블로그 글을 작성할 때 중요한 아이디어 전략가로 활동했다. 그에게 큰 신세를 졌다. 새로운 한 주가 시작될 때마다 안성맞춤의 그림을 넣어 나의 블로그를 완성해 준 그의 제작팀에게도 마찬가지로 감사의 인사를 하지 않을 수 없다.

하우페 출판사의 야스민 얄라트 씨는 참으로 경이로운 지구력과 인내력을 보여 주었다. 그녀는 '보스를 관리하라(manage your boss)'라는 블로그 주제가 수많은 직장 초년생에게 혁신적인 한 권의 책이 되리라는 자신의 생각을 포기하지 않았다. 여러분이 지금 이 책을 손에 들고 있는 것은 다 그녀 덕분이다.

또 이 책이 나오기까지의 전 과정에서 큰 도움을 준 이로 장크트 갈렌대학교 학생인 니코 비르트(Nico Wirth)의 이름을 들지 않을 수 없다. 그는 우리의 구상을 설계하고 조사했으며 인터뷰와 구성, 글쓰기까지 온갖 정성을 기울였다. 감사 인사는 베타 버전의 독자(신규 취업자 및 고참 회사원)에게도 돌아가야 한다. 카타리나 프뢸리히, 에디트 하우저, 요나스 클라인, 다니엘 포크트, 카린 빈네펠트 그리고 안드레아 비르트가 그들인데, 피드백을 통해 이 책의 클래스를 몇 단계 올려 주었다.

재미나고 짜릿하며 유익한 책을 쓴 모든 저자, 블로거, TED 강연자, 예술가, 기업 대표, 교수, 연설자, 기업인, 수도사, 연구자, 실험자에게도 당연히 고맙다는 말을 전해야 한다. 그들의 자극 덕분에 나는 이 책의 내용 속으로 들어갈 수 있었다. 왜냐하면 그 어떤 일을 하든 우리는, 디다쿠스 스텔라(본명 디에고 데 에스텔라의 라틴어식 표기. 스페인 신학자이자 신비주의자—옮긴이)가 16세기에 적절히 표현했다시피(뉴턴과 칸트의 말이라고 잘못 전해지고 있지만), 세상을 앞서 살아간 이들의 연구와 가르침에 의지하고 있기 때문이다.

블로그 및 여타 자료

추천 웹사이트

직장 초년생을 위한 잡지:

www.chapteronemag.com/de/startseite/

(유튜브에서도 볼 수 있다. Chapter One Mag)

추천 블로그

* Eric Barker: Barking up the wrong tree; www.bakadesuyo.com

* Seth Godin: Seth's Blog; www.sethgodin.com/sg

* Bernadette Jiwa: The Story of Telling; www.thestoryoftelling.com

* Mathias Morgenthaler: Beruf+Berufung; www.beruf-berufung.ch

* Maria Popova: Brainpickings; www.brainpickings.org

* Dan Rockwell: Leadership Freak; www.leadershipfreak.blog

* Ariana Röthlisberger: Eigener Weg; www.eigenerweg.com

추천 테드(TED) 강연

* 브레네 브라운(Brené Brown): 취약성의 힘(The power of vulnerability); www.youtube.com/watch?v=iCvmsMzlF7o

* 스콧 딘스모어(Scott Dinsmore): 자기가 좋아하는 일을 찾아내는 방법(How to find work you love);

www.ted.com/talks/scott_dinsmore_how_to_find_work_you_love

* 로버트 그린(Robert Greene): 자기 자신을 바꾸는 열쇠(The key to transforming yourself);

www.youtube.com/watch?v=gLt_yDvdeLQ

* 비 제이 밀러(B.J. Miller): 인생이 끝날 때 정말 중요한 것은 무엇일까(What really matters at the end of life);

www.ted.com/talks/bj_miller_what_really_matters_at_the_end_of_life/transcript

* 댄 핑크(Dan Pink): 동기부여의 비밀(The puzzle of motivation); www.youtube.com/watch?v=rrkrvAUbU9Y

* 토니 로빈스(Tony Robbins): 지금 하는 일을 우리는 왜 할까(Why we do what we do);

www.youtube.com/watch?v=Cpc-t-Uwv1I

* 켄 로빈슨(Ken Robinson): 학교는 창의력을 죽이는가?(Do schools kill creativity?);

www.ted.com/talks/ken_robinson_says_schools_kill_creativity

* 사이먼 시넥(Simon Sinek): 위대한 리더는 어떻게 행동에 나서도록 고무하는가 (How great leaders inspire action);

www.ted.com/talks/simon_sinek_how_great_leaders_inspire_action/transcript

추천 대학 졸업식 연설

* 제프 베이조스(Jeff Bezos), 2010년 프린스턴대학교 (www.youtube.com/watch?v=vBmavNoChZc)

* 리처드 파인만(Rkichard Feynman), 1974년 캘리포니아공대 (www.youtube.com/watch?v=yvfAtlJbatg)

* 닐 게이먼(Neil Gaiman), 2012년 필라델피아대학교

멋진 예술을 하라(Make Good Art)

(www.youtube.com/watch?v=plWexCID-kA)

* 스티브 잡스(Steve Jobs), 2005년 스탠퍼드대학교 (www.youtube.com/watch?v=UF8uR6Z6KLc)

* 데비 밀먼(Debbie Millman), 2013년 세너제이주립대학교

용기와 창의적 삶: 페일 세이프(Fail safe)

(www.youtube.com/watch?v=k3IUUe01_GY)

* 대니얼 핑크(Daniel Pink), 2014년 와인버그대학

(www.youtube.com/watch?v=VOU6zoRI3BU)

* 제이케이 롤링(J.K. Rowling), 2008년 하버드대학교
(www.youtube.com/watch?v=wHGqp8lz36c)
* 메릴 스트립(Meryl Streep), 2010년 콜롬비아대학교
(www.youtube.com/watch?v=5-a8QXUAe2g)
* 데이비드 포스터 월리스(David Foster Wallace), 2005년 캐년대학
이것이 물이다(This is water)
(www.youtube.com/watch?v=8CrOL-ydFMI)
* 오프라 윈프리(Oprah Winfrey), 2013년 하버드대학교
(www.youtube.com/watch?v=GMWFieBGR7c)

참고 문헌

Bordt, Michael (2013). Die Kunst sich selbst auszuhalten. Ein Weg zur inneren Freiheit. München: ZS Verlag GmbH.

Bormans, Leo (2012). Glück. The World Book of Happiness. Köln: DuMont Buchverlag GmbH & Co. KG.

Carlson, Richard (1998). Don't worry, make money: spiritual and practical ways to create abundance and more fun in your life. London: Hodder & Stoughton.

Chodorkowski, Michail/Geworkjan, Natalija (2012). Mein Weg: Ein politisches Bekenntnis. München: Deutsche Verlags-Anstalt.

de Mello, Anthony (2015). Der springende Punkt. Freiburg: Verlag Herder GmbH.

Duckworth, Angela (2016). Grit: The power of passion and perseverance. New York: Scribner.

Eggebrecht, Steffen (2010). "Hilfe, ich habe einen Job". Spiegel Online, 1–4.

Ferriss, Timothy (2016). Tools of titans: The tactics, routines and habits of billionaires, icons, and world-class performers. Boston: Houghton Mifflin Harcourt.

Frankl, Viktor E. (2009). … trotzdem Ja zum Leben sagen: Ein Psychologe erlebt das Konzentrationslager. München: Kösel-Verlag.

Fröhlich, Caspar (2016). Deep Democracy in der Organisationsentwicklung. Stuttgart: Schäffer-Poeschel.

Gawain, Shakti (2004). Stell dir vor. Kreativ visualisieren. Berlin: Rowohlt Berlin Verlag GmbH.

Gladwell, Malcolm (2009). Outliers: The story of success. New York: Back Bay Books.

Godin, Seth (2008). Tribes: We need you to lead us. London: Portfolio.

Goins, Jeff (2015). The art of work: A proven path to discovering what you were meant to do. New York: HarperCollins.

Goldsmith, Marshall (2007). What got you here won't get you there: How successful people become even more successful. New York: Hachette Books.

Greene, Robert (2012). Mastery. London: Profile Books.

Greenleaf, Robert K. (2001). Servant leadership – a journey into the nature of legitimate power & greatness. New York: Paulist Press.

Harvard Business Review (2014). HBR Guide to getting the mentoring you need (HBR Guide Series). Boston: Harvard Business Review Press.

Harvard Business Review (2016). You at work: How to be effective with a bad boss. Boston: Harvard Business Review Press.

Hill, Napoleon (2015). Think and grow rich. North Charleston: CreateSpace Independent Publishing Platform.

Holiday, Ryan (2014). The obstacle is the way: The timeless art of turning trials into triumph. London: Portfolio.

Hüther, Gerald (2013). Was wir sind und was wir sein könnten. Ein neurobiologischer Mutmacher. Frankfurt: S. Fischer Verlag.

Ibarra, Herminia (2004). Working identity: Unconventional strategies for reinventing your career. Boston: Harvard Business Review Press.

Kingston, Karen (2014). Feng Shui gegen das Gerümpel des Alltags: Richtig ausmisten – Gerümpelfrei bleiben. Reinbek: Rowohlt Taschenbuch Verlag.

Lemov, Doug/Yezzi, Katie/Woolway, Erica (2012). Practice perfect: 42 rules for getting better at getting better. San Francisco: Jossey-Bass.

McLuhan, Marshall/Fiore, Quentin (1997). War and peace in the global village. San Francisco: Hard Wired.

Nietzsche, Friedrich (2006). Menschliches, Allzumenschliches. Ein Buch für freie Geister. Köln: Anaconda.

Peters, Thomas J./Waterman, Robert H. (1982). In search of excellence: Lessons from America's best-run companies. New York: Harper & Row.

Pfeffer, Jeffrey/Sutton, Robert I. (1999). The knowing-doing gap: How smart companies turn knowledge into action. Boston: Harvard Business Review Press.

Schnabel, Ulrich (2012). Muße: Vom Glück des Nichtstuns. München: Pantheon Verlag.

Seligman, Martin E. P. (2007). What you can change … and what you can't. The complete guide to successful self-improvement. New York: Vintage.

Suter, Martin (2002). Business Class: Geschichten aus der Welt des Managements. Zürich: Diogenes Verlag.

Wallace, David Foster (2012). Das hier ist Wasser/This is Water: Anstiftung zum Denken. Köln: KiWi-Taschenbuch.

Ware, Bronnie (2015). 5 Dinge, die Sterbende am meisten bereuen: Einsichten, die Ihr Leben verändern werden. München: Goldmann Verlag.

이상한 팀장 밑에서 성공하는 법

지은이 카스파르 프륄리히
옮긴이 류동수
펴낸이 정규도
펴낸곳 황금시간

초판 1쇄 발행 2021년 9월 13일

편집총괄 권명희
편집 채희숙
디자인 호기심고양이

주소 경기도 파주시 문발로 211
전화 (02)736-2031(내선 360)
팩스 (02)738-1713
인스타그램 @goldentimebook

출판등록 제406-2007-00002호
공급처 (주)다락원
구입문의 전화 (02)736-2031(내선 250~252) 팩스 (02)732-2037

값 15,000원
ISBN 979-11-91602-06-7 03320